ヒロスケ長崎 のぼりくだり
長崎村編　まちを支えるぐるり13郷

はじめに

　長崎の町を取り囲む山山。休日には登られる人も多いことでしょう。金比羅山に烽火山、彦山に豊前坊、そして愛宕山。長崎人なら一度は足を運んだことがある山だと思います。

　頂上の景色を堪能して帰路につく。山から里に下りて来たときはなにかホッとするものです。そのホッとする地域。安心する地域、そこが長崎村13郷です。町というより里。なにか安心感のある地域。そこには街の人も知らない奥深い歴史が眠っています。そして今、その眠りが覚めるときが来ました。

　これから目的地は山から里。さあ、長崎村の13郷をのぼったりくだったり歩いていきましょう。

山口広助

目次　contents

「ヒロスケ長崎 のぼりくだり　長崎村編　まちを支えるぐるり13郷」

はじめに 1
吉田初三郎の「景勝の長崎」にみる長崎村13郷 4
長崎のまちなかと長崎村13郷の紹介 6
長崎くんちを支える、神輿守 8

船津郷① 10
船津郷② 12
コラム「新しい町の名前はおめでた尽くし」..........................14

ヒロスケ対談3本勝負　其の1　平 浩介さん 16

岩原郷① 20
岩原郷② 22
岩原郷③ 24
コラム「奉行所内の稲荷神社につたわる不思議な話」..................26
西山郷① 28
西山郷② 30
西山郷③ 32
西山郷「9世紀の長崎にあった広大な寺院・神宮寺〜伝説の寺院、
　　　　一大伽藍の全貌とは？」..34
木場郷① 36
木場郷② 38
片淵郷① 40
片淵郷② 42
片淵郷③ 44
夫婦川郷① 46
夫婦川郷② 48
夫婦川郷③ 50
コラム「長崎の黄金時代を築いた末次家」..............................52
コラム「崎陽三画人の一人、鉄翁祖門」................................53
馬場郷① 54
馬場郷② 56
コラム「桜馬場中学校の貝塚息吹と高田泰雄」..........................59
馬場郷③ 60
中川郷① 62
中川郷② 64
中川郷③ 66

中川郷④ 68
中川郷⑤ 70

ヒロスケ対談３本勝負　其の２　藤岡英嗣さん 72

本河内郷① 76
本河内郷② 78
本河内郷③ 80
コラム「お月見の山、彦山さんとご飯を盛ったような山、豊前坊さん」... 82
本河内郷④ 84
コラム「曹洞宗瑠璃光山妙相寺」 86
コラム「文明堂園／中川公園」 87
伊良林郷① 88
伊良林郷② 90
伊良林郷③ 92
伊良林郷④ 94
伊良林郷⑤ 96
高野平郷① 98
高野平郷② 100
高野平郷③ 102
高野平郷④ 104

ヒロスケ対談３本勝負　其の３　有馬麻衣子さん 106

小島郷① 110
小島郷② 112
小島郷③ 114
コラム「八劔神社」 116
コラム「坂の名に残る、悲しい恋の物語」 117
小島郷④ 118
小島郷⑤ 120
小島郷⑥ 124
十善寺郷① 128
十善寺郷② 130
十善寺郷③ 132
十善寺郷④ 134

長崎村13郷の山山 136
おわりに 138
参考文献一覧 139

長崎のまちをぐるっと

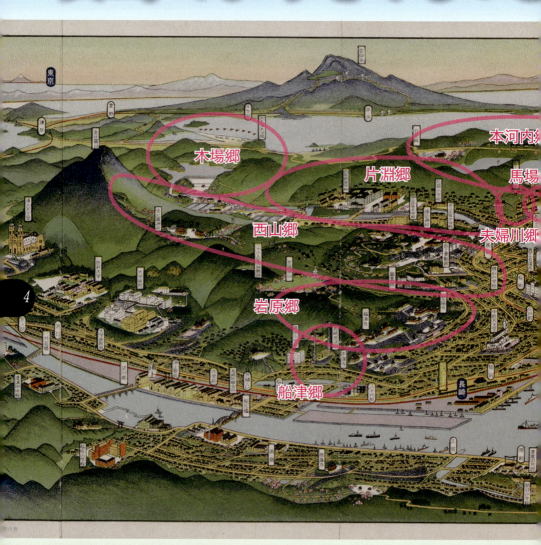

吉田初三郎の「景勝の長崎」
昭和9年発行の長崎の鳥瞰図です。この年に長崎と雲仙で開催された国際産業観光博覧会のために制作されたものです。稲佐山上空からみた長崎市街を中心に、長崎村13郷がぐるりと街を取り囲んでいるようすが一目でわかる鳥瞰図です。

取り囲む長崎村13郷

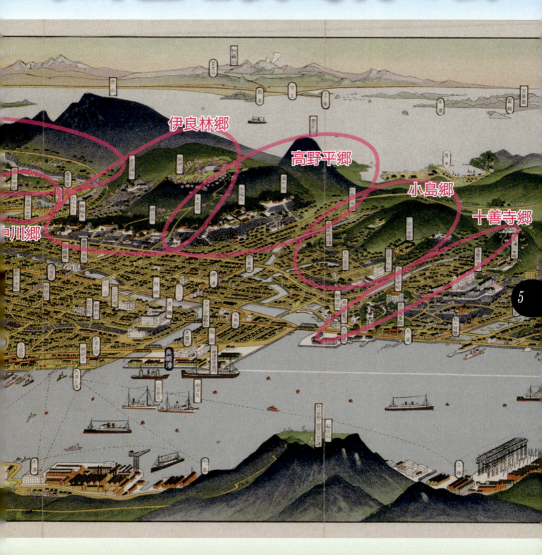

吉田初三郎「景勝の長崎」・部分（京都府立京都学・歴彩館 京の記憶アーカイブより）

地図に赤く色づけされた地域が長崎村です。
長崎のまちを囲んでいることがよくわかります。

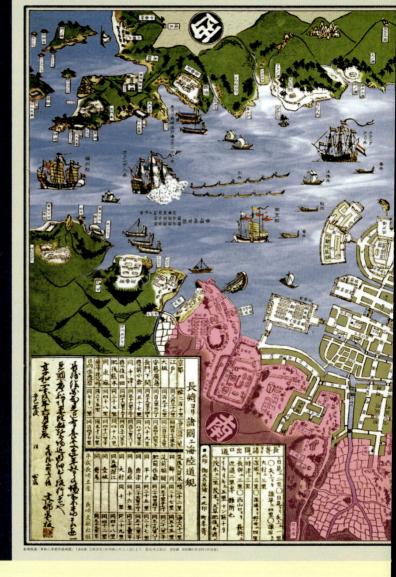

長崎村とは？ いつ、どこにできたのでしょうか？

鎌倉時代に開かれた長崎村、初代領主は長崎小太郎重綱

　鎌倉時代前期にあたる貞応年間（1222年）頃、鎌倉から長崎小太郎重綱が長崎に入ります。建山*に鶴の城とよばれた城（砦）を置き、有事の際には集結していたといいます。また、平時は現在の桜馬場中学校（馬場郷字館）に屋敷を構えて長崎村を治め、この屋敷を中心として城下町を形成しました。勢力は馬場郷、中川郷、片淵郷まで及んでいきます。特に門前は賑やかで、毎月二日に市が開かれていたところから二日市ともよばれていたそうです。初代長崎村の領主となった長崎小太郎重綱から数えて第14代目が長崎甚左衛門純景です。長崎開港時〈元亀2年（1571）年〉の領主として知られる人物です。永禄12（1569）年、甚左衛門が春徳寺の場所にトードス・オス・サントス教会を建てた後、桜馬場地区は南蛮寺門前町としてさらに発展しました。

*P51「焼山（八気山）」参照

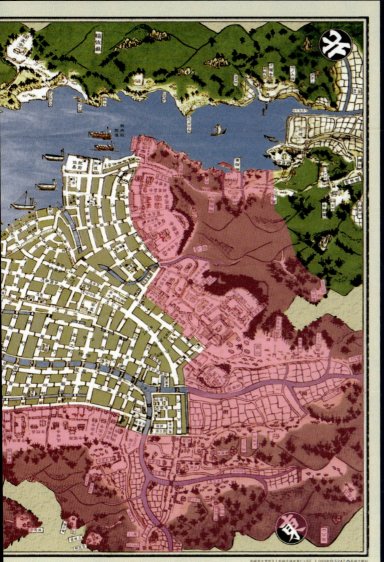

長崎村13郷

船津郷
岩原郷
西山郷
木場郷
片淵郷
夫婦川郷
馬場郷
中川郷
本河内郷
伊良林郷
高野平郷
小島郷
十善寺郷

享和二年肥州長崎図

長崎村は13の郷から成る

　江戸時代、天領の長崎を囲む地域を長崎村といいました。長崎村には13の郷（船津、岩原、西山、木場、片淵、夫婦川、馬場、中川、本河内、伊良林、高野平、小島、十善寺）があり、明治11（1878）年に南部と北部に分かれ、南部は下長崎村（高野平、小島、十善寺）、北部は上長崎村（残りの10郷）となりました。

270年も庄屋役をつとめた森田家

　森田氏は、領主の長崎氏に家臣として仕えていました。慶長10（1605）年、長崎甚左衛門が長崎を退去してから、それまで甚左衛門の屋敷としていた場所に森田氏が庄屋職として移り、慶長14（1609）年から明治12（1879）年まで、代々、長崎村13郷の庄屋役をつとめました。

長崎くんちを支える、神輿守(みこしもり)

諏訪社

長崎13郷の役割のひとつ

　長崎の秋の風物詩でもある諏訪神社の大祭「長崎くんち」。その起源は江戸幕府の宗教政策といわれています。半ば強制的に信仰させることでキリスト教を排除しようとしたものでした。以降、町の中心部に踊町という組織が組み立てられ、毎年、当番となった町内が踊りを奉納するようになります。いわゆる、77ヵ町（＋丸山町、寄合町）という枠組みですが、町周辺部にも同様に組織、神輿守町があります。これが長崎村13郷の役割で、現在では片淵・木場・立山神輿守連合、西山町神輿守連合、十善寺地区神輿守、神輿守小島連合、高野平神輿守連合、神輿守伊良林連合会の6団体がその伝統を受け継いでいます。当初は長崎村13郷がそれぞれ神輿守町という役割を担っていたと思われますが、変遷を経て今のような組織になりました。

神輿守（『長崎名勝圖繪』より）

住吉社

森崎社

片淵・木場・立山神輿守連合 (15カ町)
　片淵一丁目西部、片淵一丁目東部、片淵二丁目西部、片淵二丁目東部、片淵三丁目、片淵四丁目、片淵五丁目、
　夫婦川町、木場町、仁田木場、立山一丁目、立山二丁目、立山三丁目、立山四丁目、立山五丁目

西山町神輿守連合 (7カ町)
　上西山町上の切、上西山町下の切、下西山町、西山町一丁目、西山二丁目、西山三丁目、西山四丁目

十善寺地区神輿守 (12カ町)
　稲田町一之組親交会、稲田町二の組、稲田町三の組、館内町西部、館内町東部、十人町一の組、十人町二の組、
　十人町三の組、中新町西部、中新町東部、中新町南部、中新町北部

神輿守小島連合 (16カ町)
　上小島一丁目、上小島一丁目東部、上小島二丁目、上小島三丁目、上小島四丁目、上小島五丁目、桜木町、
　中小島一丁目西部、中小島二丁目南部、中小島ガーデンヒルズ、中小島東部、西小島一丁目、西小島上の切、
　中小島中之切、東小島町東和、東小島町鳴川

高野平神輿守連合 (11カ町)
　愛宕一丁目上、愛宕一丁目下、愛宕一丁目山手、愛宕三丁目、愛宕三丁目山中、愛宕四丁目、愛宕上北、白木、
　高平町上、高平町下、弥生町

神輿守伊良林連合会 (19カ町)
　伊良林一丁目、伊良林平、伊良林二丁目次石、奥山、風頭町、桜馬場一丁目、桜馬場二丁目、新中川町、鳴滝一丁目、
　鳴滝町西部、本河内町一丁目、本河内二丁目、本河内三丁目、矢の平一丁目、矢の平二丁目、矢の平三丁目、
　中川一丁目、中川町東部、矢の平太良

【平成30 (2018) 年10月現在】

船津郷 ①

長崎市基本図（2018年）

海に面していた数少ない長崎村の漁村

西坂

長崎開港以前、西坂は長崎甚左衛門の居城であった桜馬場地区から見て西にあったことと、浦上に抜ける坂道があったところから西坂という地名が生まれたといわれています。江戸時代は長崎村船津郷字西坂といい、のちに西坂町となりました。

西坂処刑場跡

西坂公園より北側一帯は長崎開港後から明治時代までキリシタンや一般の囚人などの刑が執行されていたところです。キリシタンに関しては二十六聖人のほか数多くの日本人や外国人が殉教したといわれています。

　船津郷は長崎村の北端に位置し、同じ幕府領（天領）の浦上村（浦上山里村）と境を接しています。そのため江戸時代は浦上村に属していた時期もありました。長崎村の中で海に面している場所は船津郷か十善寺郷しかなく、特に漁民が多く住んでいたところから船津の名がついたと考えられています。また、船津浦や舟津などとも称します。

　江戸時代は長崎村船津郷とよび、明治22（1889）年から一部が長崎市に編入し、同31（1898）年、全域が長崎市船津郷となります。区域は長崎港湾改良工事域にも入っていたため埋め立てが進み、大正2（1913）年には埋め立て域も含めて新町名がつけられ西坂町、瀬崎町、八千代町、御船町が誕生します。昭和39（1964）年に周辺部との町界町名変更がなされ、西坂町、大黒町、八千代町になり今に至ります。

　町域には日本二十六聖人記念館や西坂公園、ＮＨＫ長崎放送局など有名な施設が多く建ち並んでいます。

海に面した数少ない郷
（御船蔵図『長崎古今集覧名勝圖繪』より）

世界に報告された大事件

日本二十六聖人殉教の地

天正15(1587)年、秀吉は伴天連追放令を発しキリスト教を禁止しますが、ポルトガルとの交易は認めるという内容だったためにフランシスコ会の宣教師は公然と京などで布教活動を行っていました。西暦1596年、高知の浦戸に漂着したサン・フェリペ号がスペイン船で

日本二十六聖人記念碑

あったところから秀吉は植民地化を警戒し、キリシタンの捕縛と処刑を命じ、京や大坂の宣教師や修道士ら24名を捕らえます。見せしめのため京や大坂・堺を引き回し、長崎を最期の地として西へ向かわせました。約1ヶ月かけて旅をさせ、途中2人のキリシタンも加わりながら、慶長元年12月19日〈西暦1597年2月5日〉の早朝、長崎に到着しました。午前10時に処刑が開始され正午頃にはすべてが終わったといいます。

日本で初めての解剖実験が行われた地

ポンペ解剖実習地

安政4(1857)年、長崎奉行所西役所内に医学伝習所が開設され、オランダ軍医ポンペが教授を務めるようになりました。安政6(1859)年には、実習生を伴い西坂刑場で日本初となる解剖実験が行われます。外国人による解剖ということで尊皇攘夷派の志士たちが敏感に反応したため、約150人の役人と番卒が警備にあたったといわれています。

楠本イネ
(『ながさき浪漫』より)

この様子をオランダ海軍のカッテン・ダイケ艦長は日記に実験中一人の女性が見学していたと記し、郷土史研究家の古賀十二郎によるとシーボルトの娘の楠本イネではないかといわれています。

神殿の石垣に利用された六角形の石

首置石跡【天理教境内】

首置石とは西坂処刑場にあった六角形の巨石です。首置石があった場所は天理教旧神殿建設地にあたり、当初、作業員らは祟りがあるとなかなか鉄斧を振ろうとしなかったため、初代天理教肥前分

首置石跡付近

教会会長の橋本梅太郎が自ら最初の一撃を加えてようやく工事が始まったといいます。首置石は細分化して神殿石垣の一部に利用されました。

元和の大殉教の地

慶長17(1612)年、キリシタン禁教令が発布され、慶長19(1614)年には教会の破却など、幕府は一転してキリシタンの一掃にのりだします。

元和8(1622)年には再び西坂でキリシタンの処刑が執行されました。大村と長崎で捕らえられた55名が火あぶりや斬首で命を落とし、なかにはイタリア人宣教師のスピノラ神父や幼い子どもの姿もありました。この事件を元和の大殉教と呼び、以降、激しい拷問など弾圧がますます強化されるようになっていきます。

千人塚跡

寛永14(1637)年、飢饉や凶作などの影響から島原や天草の領民らが藩政に反発し各地で一揆が勃発しました。島原の乱です。キリスト教信仰と相まって次第に勢力を結集し、3万7000人となった軍勢は原城に立てこもります。それに対抗すべく幕府軍は12万の兵を動員し、総攻撃の末、寛永15年2月28日〈西暦1638年4月12日〉、ついに原城は陥落します。

一揆軍の指導者である益田四郎時貞(天草四郎)をはじめとする大勢の首は原城前と長崎出島の前にそれぞれ7日間さらし首にされ、西坂の丘に葬られたといいます。千人塚のくわしい跡地は現在特定されていません。

殉教地と千人塚跡をのぞむ

船津郷 ②

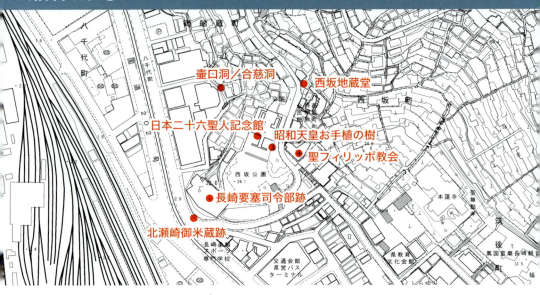

昭和天皇お手植の樹
【西坂公園】

　第二次大戦直後の昭和21（1946）年から始まった昭和天皇の巡幸でしたが、長崎県へは昭和24（1949）年5月24日、北松から佐世保、雲仙を視察ののち、5月27日から長崎市へ入りました。長崎市では尾上町の魚市場、西坂公園、長崎医科大学、三菱長崎造船所などを視察され、西坂公園ではクスノキの植樹が行われました。ちなみにこの日は三菱造船所内の占勝閣に宿泊され、翌日、完成したばかりの長崎駅、いわゆる三角屋根の新駅舎より帰京されました。

昭和天皇お手植えの樹

 ## 岬近くの海岸を意味する瀬崎

南瀬崎と北瀬崎

　江戸初めの長崎港は、南は梅ヶ崎（現・梅香崎町）から始まり、北は西坂（NHK長崎放送局付近）まででした。瀬崎とは岬の近くの海岸という意味で梅ヶ崎近くの海岸を南瀬崎、西坂の海岸を北瀬崎とよんでいました。ちなみに南瀬崎は長崎村十善寺郷です。北瀬崎には瀬崎泉と名づけられた5つの井川があったといいます。水は岩穴から湧き出していたため住民は潮が引くのを待って、競うように汲みに行ったそうです。

伝説の摩訶不思議なふたつの洞窟

壺口洞／合慈洞

洞窟跡付近

　北瀬崎に北側が壺口洞、南側が合慈洞とよばれる二つの洞がありました。洞は中で一つになっていたそうです。物好きが犬を穴の中に追い入れたところ別の穴から傷だらけで出てきたと伝わります。また、慶安年間（1648-1652）ごろ、一人の勇敢な者が洞窟のなかへ探検に入ります。洞はだんだんと狭くなり、天井は高く水がたまって滑りやすくコウモリや怪物がいて生臭い匂いがしていたそうです。朝に入った洞ですが出てくるころには夕方になっていました。以来、この洞に入った者はいないそうです。

九州各地から持ち込まれた大量の米を管理

北瀬崎御米蔵跡

江戸初期、長崎ではほとんどの米が海路（回漕）で天草から持ち込まれていました。その管理を行うため、延宝元（1673）年に天草代官は十善寺郷南瀬崎に米蔵と詰所を建設します。延宝3（1675）年には江戸町船番屋敷（現・川添ガラスパーキング）にも浜蔵を設けて町年寄が管理するようになります。米蔵は享保4（1719）年に北瀬崎へ移転し、翌5（1720）年からは長崎代官が支配することになり、享保9（1724）年に北を北瀬崎御米蔵、南を南瀬崎御米蔵と称して、米は九州各地から回漕されます。南瀬崎と北瀬崎の米蔵には、豊後米、天草米、肥前米が持ち込まれていたといい、これらの大量の米は寛保元（1741）年からは備蓄米、支出用、役人給与にあてて、残りは備蓄としていました。備蓄米は毎年新米に代えていたそうです。

北瀬崎御米蔵跡
（「享和二年肥州長崎図」より）

拠点となった軍事施設

長崎要塞司令部跡

要塞とは重要都市や拠点などの防御のために作られた軍事施設のことをいいます。要塞区域内は測量、模写、撮影が全面禁止となり、要塞司令部が管理官庁となります。

明治32（1899）年、長崎は要塞地帯法によって長崎要塞地帯区域に指定され、佐世保より佐世保要塞砲兵連帯の一個大隊が長崎入りし竹の久保（現・長崎西高）に駐屯します。翌33（1900）年には竹の久保に司令部を置きますが、明治36（1903）年、大黒町（現・西坂町の一部）にあった長崎兵器支廠築城部長崎支部と合併し長崎要塞司令部を移転します。しかし、明治39（1906）年、平戸小屋町に移転しました。

長崎要塞司令部跡

海に沈んでいた地蔵尊

西坂地蔵堂

江戸の初め、大波止の海に地蔵尊像が沈んでいるのを樺島町の住民が見つけ、救い上げることになりました。井樋の口（現・銭座町）にある聖徳寺へ安置するよう運び出しますが、西坂を通り過ぎたころ急に地蔵尊が重くなったため、そのまま置いて帰ります。その夜、地蔵尊を運んだ者の夢枕に地蔵尊が現われ、西坂に安置するようお告げをしたといいます。地蔵尊は今でも西坂町の住民によって大切にお祀りされています。

西坂地蔵堂

日本二十六聖人記念館と記念碑

26人の列聖から100年の昭和37（1962）年、西坂の殉教地に建てられたのが記念館と記念碑です。

記念館は建築家の今井兼次氏により設計され、フランシスコ・ザビエル渡来から明治時代までのキリシタン資料を展示しています。また、二十六聖人記念碑は彫刻家の舟越保武氏により4年もの歳月をかけて制作されました。

聖フィリッポ西坂教会

日本二十六聖人記念館と同時期に日本のカトリック系の人々が中心となって建てられました。設計は日本二十六聖人記念館と同じく今井兼次氏で、スペインの建築家アントニオ・ガウディを日本に紹介した人物としても知られています。教会にはガウディのエッセンスが盛り込まれ、そびえ立つ双塔は殉教者の喜びに、地上の人々が呼応する「天の門」を表しているといいます。

日本二十六聖人記念館と記念像、聖フィリッポ教会

新しい町の名前はおめでた尽くし

長崎港港湾改良工事～新規埋め立て域

　明治30 (1897) 年以降、7ヵ年の継続事業として長崎港湾改良工事が開始され、明治37 (1904) 年に完了しました。工事は第1期と第2期に分かれ、第1期工事では港内の砂防工事や中島川の変流工事 (これにより出島の前面が削られる)、第2期工事では現在の銭座町電停付近から長崎駅-大波止-出島町付近と稲佐の海岸地帯が埋め立てられ、24の新しい町が開かれます。

　以下はその24町です。

　　幸町-福富町-玉浪町-梁瀬町-宝町-寿町-船蔵町-井樋ノ口町-八千代町-尾ノ上町-高砂町-瀬崎町-台場町-元船町-玉江町-千馬町-羽衣町-要町-末広町-入江町-旭町-丸尾町-外浪町-大鳥町

　町名の命名は付近に由来したものが採用されましたが、それ以外は祝意つまり、おめでたい言葉、今後の発展を希望した言葉が選ばれました。ほとんどの町が昭和40年ごろに町界町名変更で整理されています。いまも電柱などに記された古い町名をみつけることができます。

喜ばしい町名が並びました！

旧・宝町
　　現在の国道202号線沿い
　（ザ・ホテル長崎BWプレミアコレクション付近）。

寿　町
　　旧 宝町の西側の通りで現在はその名残り
　として付近を流れる川に壽橋が架かっています。

旧・幸町
　　現在の稲佐立体交差付近。

福富町
　　旧 幸町の一つ稲佐橋側の通り。

八千代町
　　瀬崎町の一つ海側で現在の県営バス駐車場裏手です。

高砂町
　　旧 中の島のことで現在の長崎駅操車場北側にあたります。

北寿が記された電柱

八千代町

見上げる電柱に高砂の名

> 地域に由来して命名された町がずらり

井樋ノ口町

享保年間(1716-36)、この付近から浜口付近まで埋め立てが行われて浦上新田が誕生します。その際、潮水の出入りを調整していた堰堤、つまり井樋(水溜の水門の意)が聖徳寺下に設けられていたところから井樋ノ口とよばれるようになりました。また、明治の長崎港湾改良工事で新しい町が開かれます。その一つが井樋ノ口町で、現在の銭座町公園付近でした。昭和39(1964)年に町界町名変更で宝町に変わります。

電柱に残る井樋ノ口町

船蔵町

船蔵町は現在の国道206号線沿い(井上病院〜宝町バス停)にあたります。町名の由来は江戸時代、この付近にあった御船蔵にちなんだものです。昭和39(1964)年に町界町名変更によって宝町に変わります。

御船町

御船町は現在の国道206号線沿い(天理教前〜西部ガス)にあたります。町名の由来は江戸時代、この付近にあった御船蔵にちなんだものです。昭和39(1964)年に町界町名変更によって西坂町と御船蔵町に変わります。

瀬崎町

瀬崎町は現在の国道206号線沿い(県営バス駐車場付近)にあたります。町名は江戸時代、NHK付近が北瀬崎とよばれたことに由来します。昭和39(1964)年に町界町名変更によって御船蔵町、八千代町、西坂町に変わります。

玉浪町

玉浪町は稲佐橋とJR長崎線の中間付近にあたります。町名は江戸時代、対岸の淵町に宝珠山萬福寺(現・淵神社)があって宝珠山から珠(=玉)をとり、海岸線から浪の字を使って玉浪町となりました。昭和39(1964)年に町界町名変更によって幸町に変わります。

玉浪町の名残り

梁瀬町

梁瀬町は稲佐橋付近にあたります。その昔、浦上川の河口付近では水中に網を置いた白魚漁が行われていました。白魚を取る道具を梁とよび、いつしか地名になったといいます。その梁と海岸線を意味する瀬で梁瀬町となりました。昭和39(1964)年に町界町名変更によって幸町に変わります。

電柱にみる梁瀬町

尾ノ上町

尾ノ上町は長崎駅付近にあたります。江戸時代、浦上川の河口に尾上という岬があって(現・聖徳寺付近)、そこにちなんだものと考えられます。昭和39(1964)年に文字を変え尾上町に変わります。

ヒロスケ対談 3本勝負

其の1　平　浩介さん

ヒロスケまち歩きの原点は自分の家から見える場所

―― ヒロスケさんが、日頃からお付き合いがあり長崎で独創的な動きをしている同世代の方々をお招きしてお話を聞こうという「ヒロスケ対談3本勝負」。まずは企画会議で最初に名前の挙がった平浩介さんの登場です。
ヒロスケさんご紹介ください。

ヒロスケ・平さんは、長崎さるく博'06で西坂エリアのガイドとして活躍されたことを機に、オリジナルのさるくコースや企画を次々立ち上げるまち歩き名人です。西坂公園や本蓮寺、中町教会を歩く「長崎はローマだった」コースを娘さんと案内する親子ガイドは話題になりました。今いくつになったっけ？

平浩介（以下、平）・え？私？
ヒロスケ・いやいや、お宅のお嬢さん（笑）
平・ああ（笑）、24歳です。就職して社会人になりました。親子ガイドでデビューしたのは平成16年だったから、10歳でした。
ヒロスケ・大変な人気でしたね。
平・一人でやるのが恥ずかしくて娘を引っ張り出したわけですが、勝海舟の彼女のお久さんの役で「おーい、お久」と呼んで、手を振らせたり。本蓮寺の古賀十二郎先生のお墓のそばで「長崎ぶらぶら節」を歌わせて帽子にお金集めようとしたけれど、誰もくれなかった（笑）。

―― 西坂公園では、平さんの子どもの頃のエピソードもウケましたね。

平・はい、昭和40年代は地面がまだ土の西坂公園でソフトボールをよくやっていました。二十六聖人の像のところまで飛んでいったらホームラン、なんとバチアタリな（笑）。もちろん像には当てませんでしたよ。当時、ソフトをやる前に必ず日本二十六聖人記念館長の結城了悟神父のところに行って「公園でソフトボールしていいですか」と聞いていました。神父様は必ず「いいですよ」と言ってくださいました。教会に関係のある神聖な場所だという認識は子ども心にありました。

ハイカラな子どもは教会の鐘で家路を急ぐ

ヒロスケ・ガイドをやるくらいだから、もともと界隈の歴史に詳しかったの？
平・全然！　でも長崎さるく博の事務局の人たちと歩いたり、お寺や教会の方のお話を聞いた

「子どもの頃は教会の鐘が帰宅の合図でした」

■プロフィール
長崎市生まれ筑後町育ち。長崎大学経済学部卒業後、食品卸会社リョーショク（現・三菱食品）勤務を経て、株式会社フジカ入社。平成16年より長崎さるく博'06市民プロデューサーを務める。平成25年フジカ代表取締役に就任。

りしているうちにのめりこみました。コース制作チームの中には、当時、長崎市の統計課にいた田上さん（現・田上富久長崎市長）も参加していました。今も県外に行くと、よくキリスト教関係の史料館や教会に立ち寄ります。長崎と関係があることが多くて、聞かれてもいないのに「私、長崎から来ました！」と（笑）。

ヒロスケ・平さんは教会関係にも詳しいので、私もかなり頼りにしています。長崎の歴史をたどるなかで、キリシタン関連も調べたいのだけど、つい腰が引けるところがあって、そんな時、平さんに相談します。

平・そんなに詳しくはないですよ。でも教会に通っている同級生はいましたね。あと夕方6時に中町教会の鐘が鳴ったら公園から帰る時間でした。

ヒロスケ・うわあ、丸山と全然違う（笑）。

平・ハイカラやけんね、オイんところは（笑）。じいちゃんたちは、聖フィリッポ教会の双塔を「げさっかねー（品がない）」とか言っていました。

ヒロスケ・ははははは！　あの時代には斬新すぎたのかな。

平・それは今でもガイドのネタにしています。「できたばかりのころは"げさっか"とか言われてたけれど、今では、風景に馴染んでいますよね」と。

ヒロスケ・西坂小学校やったよね。

平・はい、うちの小学校は、大黒町や筑後町などのくんちの踊町の子どもと、家がクリスチャンの子どもが混在していました。筑後・大黒町組と西坂・浜平町組はちょっとした対抗意識もあって人数はあっちの方が圧倒的に多い。まあ、普通に一緒に遊んでいましたが。

ヒロスケ・平さんは筑後町の龍踊で総監督まで務めとるもんね。

平・そういえば20年ほど前、西坂小学校から「龍踊りを学校で披露して」と請われて学校で踊ったところ、もう、泣きたくなるほど盛り上

がらない（笑）。宗教的な理由か、くんちに馴染みがない人が多かったみたい。意外でしたね。

ヒロスケ・平さんのフィールドは、長崎村の中でも西坂や立山など北西エリアですが、浜平とか西坂は、いわゆる「船津郷」。九州電力ビルの前にガスタンクがあって、その裏に川が一本流れているでしょ？　あそこまでが長崎村。西坂小学校のグラウンドの石垣の始まりね。そこから先は山里村、浦上になる。

平・へぇ、そうなんだ。

ヒロスケ・船津郷は長崎村だから、本来は神輿守をしていたと思うんですが、いつしか辞退してますね。

謎のフレーズ
「西山4丁目のごたる」

ヒロスケ・立山って自宅のある丸山からは、西山、立山の家にふとんを干しているのまでよく見える（笑）。そこで、わざわざそこまで行って「ああ、ここが我が家から一番遠くに見えているあの家か」と確認していた変な子どもでし

ハイカラやねえ、丸山と全然違うよ

筑後町龍踊総監督を務める平さん。
平成21年と28年も大役を果たす。

た（笑）。そして今度は「あ、我が家が見えた！」と。とにかく自分の家から見えるところは全部行きたくて、それがようやくこの4,5年前に完了しました。

—— ヒロスケさんのまち歩きに注ぐ情熱の原点はそこなのね。

ヒロスケ・丸山から見るとひとつの「面」だけど、歩いてみると山あり谷あり。でもイメージとしてはすごく遠くて、用事がないとめったに行かない場所でしたね。

平・それは逆にこちらから見た丸山や小島方面だって同じですよ。

—— ところで、立山の1丁目は長崎歴史文化博物館だから下なのに、西山の1丁目は上にあるのはなぜでしょう。

ヒロスケ・西山1丁目はもともと下にあったのですが、20年位前に独立して「西山本町」になって自治会も違います。でも上西山町や下西山もあって、そのあたりが本来の西山。だから今の西山1丁目は新しい町といっていいでしょう。

平・西山水源地あたりまで西山みたいなイメージがある。

ヒロスケ・私の先生（郷土史家の高田泰雄氏）

から聞いたのは、精霊流しで、西山4丁目の船は一番奥から出発して遅か時間に流し場に来るけん、会議ですごく遅く来る人には「あんたは西山4丁目のごたるね」（笑）と言うんだそうです。

平・それすごい、遅く来ることの表現が「西山4丁目」!!

ヒロスケ・いつまでも終わらないのも「西山4丁目のごたる」とか。

平・「東海さんの墓普請」といっしょだね。今度使おう、「あん人はいつも遅れてくる、西山4丁目のごたる」。

立山にヒロスケ自慢の浦島太郎コースあり

平・船津郷の隣は岩原郷？　これって岩原川が流れているからなの？

ヒロスケ・そうそう、立山をずーっと流れている。博物館の前を通って、田中旭榮堂の横に出て、NBCの横の北村印鑑店のところに出て、大黒市場跡から港に流れ込む。

平・あそこまでいけば川に見えるけれど、旭榮堂あたりまでは溝のような。

ヒロスケ・途中、暗渠になっているしね。実は立山の上に上がっていく道路は岩原川の川筋で、暗渠の上が道になっています。川を源流ま

でたどるのは面白いよ。

―― ちなみに、岩原川の源流はどこですか？

ヒロスケ・県立東高等学校の横の斜面ですよ。
平・えっ!? 私、東高だけど、部室から見える、山を半分に切った斜面が岩原川の源流？
ヒロスケ・そう、だからあの程度の水量なの。
平・へぇ、それって「新みち」の上の方だ。新みちっていうでしょ、長崎公園の上の六角堂から上がって長崎中学から浜平までの鉢巻道路。立山の人はあの道から上を「みちうえ」、あの道から下の人を「みちした」という。「あん人はみちうえやっけん、雪の降ったら降りてこられんと」とか（笑）。
ヒロスケ・あー、そういう地域限定の言葉、たまらーん。ところで、立山は、私が初期の「ヒロスケさるく」で歩いて作った自慢のコースがあります。
平・私を下見で付き合わせたじゃないですか。
ヒロスケ・いわゆる茶臼山ですね。東高の正門を左に見ながら、テニスコート、ブラスバンドが管楽器をぷーぷー練習するところを上って。
平・雑草をかき分けて、ふと見ると「マムシ注意」の札があって（笑）。
ヒロスケ・その先を下ったら急に開けて紅葉亭の玄関で、従業員さんがみんなぎょっとしてこちらを見る。そして十字架やキリストの道行き、教会が現れる。これは全部「黙想の家」の敷地内のしつらえ。そして下ると鉢巻道路で立山のバス停がある。そこから墓地に入り、本蓮寺の真上から長崎駅を見下ろしながら降りてくる。まさに浦島太郎気分で、最後は駅前商店街でお土産配って解散。大評判になりました。2時間半ほどですが、私の自信作コース。
平・あの、黙想の家が素晴らしかった。信徒さんのための宿泊施設で、別世界のように静謐でチャペルも美しい。私もまち歩きの調査で、近

所のおじいさんから「あんたたちは西坂公園が二十六聖人の殉教地思うとるやろ、本当はもっと上ばい」と言われたのがこの場所だとようやく分かりました。
ヒロスケ・私も、その存在が気になって訪ねたら、いろいろお聞きできました。明治初期、プチジャン神父が長崎にきたのは二十六聖人が聖人に列せられて間もないころで、カトリックの人は「殉教地を探せ」というミッションをおびて来ていた。たぶんここだろうと探し当てたのが黙想の家のある場所。その後、諸説あって、ルイス・フロイスの資料なども調査されて最終的に今の西坂公園の場所になった。戦後すぐのころは二十六聖人の殉教ミサなどは黙想の家でやっており、写真も残っています。
平・私も「殉教地は2つある」というタイトルで、黙想の家を含む界隈を学さるくで歩いたことがあります。

―― それにしても、ヒロスケさんに負けず平さんも博識で、それを楽しく解説する技に長けています。

ヒロスケ・だからね、もちろん越中先生など大御所はすごいんだけど、その下の下の下の世代の掘り起しというか、頑張って調べてガイドしている若い世代に注目してほしいなぁ。だって「難しいことを難しく言う」のは誰でもできる。でも、本来まち歩きのガイドは「難しいことをわかりやすく楽しく伝える」ことに尽きると思うわけです。平さんは研究熱心ですよ。
平・いやいや、滅相もない、私なんかまだまだ。
ヒロスケ・今日はよかった、ゆっくり面白い話が聞けました。
平・それも仏教徒のうちに。もうすぐキリスト教徒に「転ぶ」かもしれんけん（笑）
ヒロスケ・またまた…（笑）

岩原郷 ①

岩原の由来は石材の産地から

岩原郷は長崎市街地の北部いわゆる女風頭山（＝現在の立山）一帯を差します。急峻な岩山で石材の産出地でもあり、そこから岩原の名がついたと考えられています。

江戸初期から寺院が立ち並んでいたために、風頭山（男風頭）山麓の寺町通りにならい女風頭とよばれるゆえんがあります。また、風頭を笠頭とも表します。

女風頭山とよばれた立山
（「享和二年肥州長崎図」より）

岩原郷を源流とした岩原川は、立山から上町、恵美須町などを通って長崎港に注いでいます。江戸時代は長崎村岩原郷、明治22（1889）年から一部が長崎市に編入し、同31（1898）年に全域が長崎市岩原郷となりました。

大正2（1913）年より西坂町、立山町ほか上筑後町、下筑後町、西上町などの一部になり、さらに昭和39（1964）年に町界町名変更がなされ西坂町、立山町、筑後町、玉園町となり今に至ります。なお、立山町は平成元（1989）年からは1丁目から5丁目に分けられました。区域には本蓮寺から永昌寺までの寺院やその墓所があり、高台には多くのホテル群が立ち並ぶ夜景の美しい地域です。

立山

江戸時代、西坂という地名が長崎甚左衛門の居城であった桜馬場地区から見て西にあったことに関連します。また、夕陽をさえぎる盾となった山であることから立山とよばれたといわれています。長崎氏は立山に多くの樹木を植林し、みだりに伐採をしないよう禁じていました。

幣振坂

江戸時代、立山や風頭山からは良質な安山岩が切り出され、市内の階段や鳥居などに利用されました。石切り場はホテル長崎下や風頭公園付近で石は人力で市街地まで下ろしていました。寛永15（1638）年、諏訪神社の一の鳥居（現在の二の鳥居）建立の際、郷民2,000人で石材を引きましたがうまくいかず、1人が幣を振って音頭をとったところようやく動いたといいます。

このことからこの坂を幣振坂とよぶのです。また、五社神社参道でもあります。

幣振坂

石穀山の文字はいつしか望呉山に

石穀山／望呉山

立山バス停から聖福寺に下る道脇には岩が林立し、頂上の大岩には石仏が置かれています。岩のひとつには「望呉山」と彫られ、江戸時代後期（文化文政期1804-1830）に書かれた『長崎名勝圖繪』によると「木庵和尚の書いた石穀山の三字を彫ってあったが、今は摩滅して読めなくなっている。最近望呉山の三字を彫ってあるが誰の書なのか聞いていない」とあります。実際、「望呉山」に続いて「己未二月皷缶子題」とあるところ

望呉山と刻まれた巨石

から、『長崎名勝圖繪』の発刊からさかのぼれば、己未、つまり寛政11（1799）年に皷缶子が刻したものと考えられます。江戸時代はこの付近を石穀山または望呉山とよんでいました。

山中に並ぶ13体の仏像群

立江地蔵堂

立江地蔵堂は聖福寺と立山バス停の中腹に位置します。創建は不明ですが弘法大師など民間信仰の場として誕生したと考えられ、付近一帯には多くの石仏を見ることができます。昭和13（1938）年には地区の大師講によって13体の仏像

仏像群と奥に立江地蔵堂

（十三佛）が建立され、当時の信仰の深さを知ることができます。

戦前の長崎市民憩いの場

萬寿山遊園地跡

萬寿山聖福寺後山の立山は以前まで萬寿山ともいい、江戸時代は紙鳶揚げの場所として親しまれていました。大正14（1925）年、聖福寺第13代住持・村山霊苗の提唱で市民の有志らが主体となり、日清、日露および第一次大戦における戦没者の慰霊塔と釈尊銅像建立を計画しました。翌15（1926）

忠霊塔

年には市内に遊園設備が少ないことから聖福寺所有地でもある立山の地に小遊園（公園）を建設する計画もおこります。聖福寺総代や在郷軍人会などの有志を得て、昭和4（1929）年に釈尊銅像と遊園が完成し、東端に忠霊塔が建立されました。市民の憩いの場でしたが、昭和20（1945）年の原爆などの影響で廃され、現在は忠霊塔のみが残っています。

五社稲荷神社

勧請年月日は不詳ですが、記録には天明時代（1781-89）の水盤があったと伝えられています。当時から眺望が大変美しい場所で、明治36（1903）年の改築の際は長崎の文人らが天井絵を奉納しています。奉納者は三宅古城、西琴石（長崎市議会議長）、金子磐臣、足立半顔、立花照夫（諏訪神社宮司）、安中東來などです。

しかし、昭和20（1945）年、原爆の影響で壊滅し、昭和38（1963）年に再建されました。

なお、参道は筑後町の幣振坂から始まり、途中の公園は神社にちなんで五社公園といいます。

五社稲荷神社の鳥居

岩原郷 ②

| 岩杉稲荷神社・岩倉稲荷神社・茶臼山太神宮 |
| 茶臼山 |
| イエズス会立山修道院（長崎黙想の家） |
| 笠頭山洪泰寺跡／八幡神社跡 |
| 永昌寺遠見番所跡 |

岩杉稲荷神社

創建は宝暦4（1754）年で、神社後方の山を岩杉山といいます。例大祭は、毎年4月最終日曜日に行われています。

若杉稲荷神社

岩倉稲荷神社

創建は明和元（1764）年で、もともとは茶臼山付近に置かれていましたが、第二次大戦後、旧岩倉稲荷神社建設に際し、岩杉神社境内に移転されました。社殿は石造りで正面には「正一位岩倉五社稲荷大明神」と刻されていいます。

岩倉稲荷神社

デウスがなまって頂守または茶臼の名に

茶臼山／頂守岳／聖山

県立東高西側の小高い山（旧・日昇館が建つ山）を茶臼山または頂守岳といいます。山は北側を雌頂守、南側を雄頂守といい、雄頂守を俗に女風頭山と称します。また、雄頂守の南端を望呉山（石殻山／萬寿山）といい、現在の立山バス停付近になります。

長崎開港後、茶臼山の麓、本蓮寺があった場所にはサン・ジョアン・バウチスタ教会が置かれ、当時は教会の背後の山を聖なる山、デウス山とよんでいたといいます。これはデウス（Deus）に神という意味があったことから教会の背後にふさわしい名前となったもので、のちに聖山、さらにデウスがなまって頂守または茶臼となったといわれています。

茶臼山、手前は長崎東高

殉教地とされた丘は祈りの家に

イエズス会立山修道院（長崎黙想の家）

幕末、宣教師プチジャンは二十六聖人のために大浦天主堂を建立しましたが、殉教地が判明しておらず、プチジャン自ら実地踏査を行います。その結果、萬寿山（望呉山）つまり黙想の家のある丘を殉教地と決め、以降この地へ多くの信徒が訪れることとなります。昭和初年に

イエズス会黙想の家

は、旧浦上神学校の浦川和三郎の研究で殉教地は西坂小学校付近と改められますが、萬寿山の丘では昭和6（1931）年から昭和12（1937）年まで二十六聖人殉教の日に祭儀が執り行われました。第二次大戦後、殉教地が西坂の丘と確認された後、祭儀は西坂で行われることになり、丘には海を見おろす祈りの家としてイエズス会立山修道院（長崎黙想の家）が建ちました。

晧台寺、前身の寺"洪泰寺"

笠頭山洪泰寺跡

長崎開港後の慶長年間（1596-1614）、肥前松浦の洪徳寺の住持・亀翁（英鶴）は、キリスト教全盛期に長崎入りし改宗に尽力します。第3代長崎奉行長谷川左兵衛藤広は亀翁の働きに同情して寺の建立を許可します。慶長13

寛永10年ごろの地図に洪泰寺が記されている（「寛永長崎港図」より）

（1608）年、女風頭山麓に笠頭山洪泰寺を建立し、慶長18（1613）年の禁教令発布を受けると改宗が進み、記録では48,600人が帰依したと伝わります。寛永3（1626）年には、現在の寺町に移転し晧台寺となります。当時の洪泰寺は聖福寺と永昌寺の間付近と考えられます。

中川の八幡神社創建場所

八幡神社跡

正保3（1646）年、豊後府内（現・大分市）の城主・日根野氏が幕府の命で来崎します。日根野氏は同じ豊後西寒田神社から八幡宮を長崎にもお祀りしようと適地を探しますが見つかりません。そこに日根野氏と関わりがあった晧台寺開山・一庭禅師から賛同を得て、晧台寺の旧敷地だった岩原村笠頭山の地を譲り受けて八幡宮を開くのです。その後、隣地の聖福寺の拡張のため移転を計画し、寛政元（1789）年、現在の中川町に移転し今に至ります。

茶臼山太神宮

万治3（1660）年に創建し、長崎奉行妻木彦衛門によって再興されたと伝えられ、また、宝永元（1704）年に勧請され、伊勢宮の第5代神主・島長太夫重彦が祭事を執り行ったとも伝えられています。当時から頂守岳神明社または茶臼岳太神宮と称し、当時は参詣者で賑わいました。寛文2（1662）年に焼失し、のちに荒廃しますが、天明7（1787）年ごろ、長崎奉行末吉摂津守が石祠を改築します。明治以降は岩倉稲荷神社の付属社扱いとなりました。明治35（1902）年、西道仙、鈴木天眼らによってこの山の一帯に桜1,000本が植樹され桜の名所となります。第二次大戦後、旧ホテル日昇館の建設に際し、岩杉神社境内に移転されました。

茶臼山太神宮

永昌寺遠見番所跡

遠見番は外国船来航をいち早く発見するため、寛永15（1638）年に松平信綱によって野母の権現山に置かれたのがはじまりです。その後、万治2（1659）年、梅香崎、小瀬戸、下筑後町（現・筑後町）の観善寺境内にも置かれます。権現山の番所で外国船を発見すると、番所の水主によって長崎奉行所に報告することになっていましたが、後に時間短縮のため各番所間で鏡などを使った合図が決められ、小瀬戸→梅香崎→観善寺→長崎奉行所という流れで報告されていました。なお、観善寺番所は元禄元（1688）年、永昌寺に移転し永昌寺番所となります。

永昌寺
（「享和二年肥州長崎図」より）

岩原郷 ③

金比羅山上り口

ここでいう金比羅山とは山そのものと、頂上と中腹にお祀りされている金刀比羅神社のふたつを意味します。つまり、金比羅山の上り口とは登山道であって参道でもあります。現在、長崎歴史文化博物館の前から立山町地蔵堂前を通り上っていく小道が江戸時代からの本来の道で、金刀比羅神社一の鳥居へと進みます。江戸時代から昭和40年代までこの登山道沿いには段々畑が続いていました。長崎市民への野菜の供給地で、稲佐の稗田と共にオランダ屋敷や唐人屋敷へ供給する食用豚や野牛が飼われていたところでもありました。当時、登山道入口付近は立山・西山方面から下ってくる農家の作物の集積地となっていて、八百屋町は文字通り、流通の重要地点である青果市場の町でした。

金比羅山上り口（左側の道）

長崎で初めての石畳が敷かれた教会

山のサンタマリア教会跡

文禄3 (1594) 年、長崎郊外にあたる立山の地に山のサンタマリア教会が開かれます。慶長6 (1601) 年、桜町にあったキリシタン墓地にサン・フランシスコ教会（修道院）を建立するため、メスキータ神父は墓地を山のサンタマリア教会後方へ移設し、参道が整備されて長崎初となる石畳が整備されたといわれています。なお教会は慶長19 (1614) 年の禁教令によって破却されました。

山のサンタマリア教会跡の碑

江戸時代、政治の中枢を担った

長崎奉行所東役所（立山役所）跡

文禄元 (1592) 年、本博多町（現・万才町）に長崎奉行所を置き、肥前唐津藩領主・寺澤志摩守広高が奉行に任命されます。寛永10 (1633) 年からは2人制となり、奉行所を東西に分けて執務を行うようになりました。しかし、度重なる火災のため、幕府に奉行所の分離を申請し、延宝元 (1673) 年、立山を東役所、外浦町を西役所と称するようになります。

立山御役所／長崎奉行所東役所（「享和二年肥州長崎図」より）

幕末の動乱、奉行所は長崎府へと改称

長崎府庁跡

慶応4(1868)年1月14日、最後の長崎奉行となった河津伊豆守が引越し騒ぎに乗じて外国船アトリン号で江戸へ脱出すると、翌々日、東役所は長崎在崎の諸藩代表の協議により福岡黒田藩預かりとなり、後に大村藩預かりとなります。長崎奉行所西役所は長崎会議所となり、5月4日に長崎府と改称、8月8日、長崎府庁は西役所から東役所に移転します。明治2(1869)年6月20日、長崎県に改められ、明治3(1870)年には長崎県庁と定め、明治7(1874)年、外浦町に洋風木造2階建の庁舎を建て移転となりました。

戦時下、県の中枢機能はここに置かれた

長崎県防空本部跡

昭和20(1945)年1月、長崎県は県の防空施策を行う司令部として長崎公園の下に巨大な地下構造物を建設し3月末に完成させます。知事室や警察部長室、防空監視隊の本部が置かれ県の中枢機能が移されました。原爆投下時には刻々

長崎県防空本部跡

とすさまじい被爆情報などがここから国の防空総本部長官に送られ、救護などの支援を求めました。

現在は、平成18(2006)年より被爆建造物「長崎県防空本部跡」として一部が公開されています。

長崎特有の芸術文化を発信した

長崎県立美術博物館跡

昭和29(1954)年、当時の佐藤勝也副知事、田川努長崎市長、中部悦郎商工会議所会頭が発起人となり長崎国際文化センター建設の計画を発表します。翌30(1955)年、原爆投下10周年を記念し、5ヶ年計画で県立図書館、美術

長崎県立美術博物館の壁跡

館、体育館、水族館、市公会堂などの建設を決定し、長崎国際文化センター建設委員会を設立します。

昭和40(1965)年、一連の事業の締めくくりとして県立美術博物館が完成。その後、平成14(2002)年に閉館し、平成17(2005)年に長崎歴史文化博物館と生まれ変わりました。長崎県防空本部跡そばに、南蛮船等を描いた外壁の一部が残されています。

岩原御目付屋敷跡

正徳5(1715)年、幕府は正徳新令にともない長崎に目付役を設置して長崎奉行の相談役として監視をはじめます。御目付役は奉行より下の身分でしたが発言力は強く、後に長崎奉行に昇進する者も多かったといいます。当初は2人で半年交代の勤務でしたが欠員の年も多く、不在のときは屋敷を支配勘定役や御普請役などが使用していました。なお、英語伝習所や官立長崎師範学校、長崎県立長崎中学校の体操場、長崎県女子師範学校などはこの地に置かれていました。

岩原御目付屋舗
(「享和二年肥州長崎図」より)

明治天皇御臨幸跡

明治天皇は、明治5(1872)年、西国巡幸を実施され、6月14日、召艦・龍驤で長崎港に入港されました。滞在中、立山の長崎県庁や飽ノ浦造船所、そして小菅修船場などを見学になり、行在所(臨時の滞在所の意)には萬歳町の旧町年寄高木邸(のちの上野屋旅館)があてられました。長崎滞在後、熊本に向かわれます。明治天皇はこのとき20歳でした。

明治天皇御臨幸之址

Column コラム

奉行所内の稲荷神社につたわる不思議な話

　立山稲荷神社は江戸時代、長崎奉行所立山役所内にお祀りしてあった稲荷社で、県立図書館の辺りにありました。長崎奉行所立山役所は明治維新を受けて廃され、明治6（1873）年には跡地に広運学校が置かれます。その際、役所内の稲荷社4社は希望者に分けられて、銀屋町稲荷神社や小曽根邸内に移されました。残った稲荷社は奉行所内に埋められたといいます。その立山稲荷神社には、ふたつの不思議な話がつたわっています。

立山神社稲荷跡

いい伝え①

　まずは、愛人への恋文と重要文書を取り違えた話から…、

　その昔、時の長崎奉行は重要な文書を江戸幕府に送るため飛脚に託して江戸へ走らせました。しばらくして奉行は重要文書と愛人に送るはずの恋文とを間違えて送ったことに気づき、あわてて文書を取りかえるよう後追いの飛脚を送ります。もしこのことが発覚すれば責任を取って切腹、お家断絶は避けられず、慌てた奉行は日頃から信仰していた立山稲荷に祈願します。すると不思議なことに先に発った飛脚が小倉を差しかかった辺りで急に足が動かなくなり、後追いの飛脚が追いついて書類を取りかえ、事なきを得ます。追いついた日の11月8日を祭事として、歴代の長崎奉行は鳥居や灯篭などを奉納するようになったと伝わります。

いい伝え①

　立山稲荷神社に伝わる、もうひとつの話…、

　明治維新で立山から豪商・小曽根氏の邸宅内（小曽根町小曽根郵便局付近）にお祀りされることになった立山稲荷には次のようないい伝えが残っています。

　昭和15（1940）年、小曽根邸は軍の長崎要塞司令部に買収され、稲荷社を残して家の者は諫早に移ることになるのですが、引越しの後、要塞司令官の夢枕に稲荷神が「私も諫早に移してほしい」と現れたといいます。司令官は驚き、すぐに稲荷神を丁重に諫早の小曽根氏のところに移したそうです。

　現在、その分霊は小曽根町の小曽根氏の屋敷にお祀りされています。

学び舎となった奉行所

　奉行所の地には多くの教育機関が設置され、学び舎として利用されました。以下は、長い歴史のなかで、立山にゆかりある教育機関の移り変わりです。細かい史実ですが、長崎における学び舎の歴史として記したいと思います。

英語伝習所／広運館跡

　安政4（1857）年、幕府の命令により西役所でオランダ通詞や唐通事および一般市民に対し英語、フランス語、ロシア語を学習させることになり、英語学習者を募集。語学伝習所が始まります。

　安政5（1858）年、東役所内に移し英語伝習所と改称。

　文久2（1862）年、英語稽古所（英語所）と改称して片淵郷乃武館内に移転。

　元治元（1864）年、江戸町にも仮学所を設けます。

　慶応元（1865）年、新町の旧長州藩蔵屋敷に移転。広運館と改称。

　慶応4（1867）年閏4月、長崎奉行所東役所内（立山役所）に移転し、8月に西役所に移転します。

　明治5（1872）年、広運館は文部省により一番中学に改称。明治6（1873）年、広運学校となります。

　同年、長崎県庁（東役所）と地所の交換をして立山に移転。

　明治7（1874）年、長崎外国語学校に改称。すぐに長崎英語学校に改称。

　明治10（1877）年、文部省の経費削減により長崎英語学校は廃止されます。

　広運館には督学（監督）に丸山作楽（島原藩士国学者）やフルベッキ（オランダ人宣教師）が就き、井上馨（明治政府の外務、内務、大蔵等の諸大臣を歴任）が館長兼国学や漢学の講師にもなりました。その他卒業生に西園寺公望（第12代総理大臣）や伊東巳代治（伊藤内閣農商務相）などがいました。

官立長崎師範学校跡

　明治7（1874）年、長崎外国語学校内に官立長崎師範学校と付属小学校が設立されます。官立は全国に東京、大阪、宮城、長崎だけでしたが、明治11（1878）年、官立東京師範・女子師範学校のみを残して廃止されます。

　付属小学校は公立崎陽師範学校第2付属小学校となりました。

長崎県女子師範学校跡

　明治17（1884）年、西濱町築地の公立崎陽師範学校附属小学校内に長崎県女子師範学校が開校します。明治19（1886）年、女子師範学校は男子師範学校と合併しますが、明治41（1908）年、改めて立山に長崎県女子師範学校が開校となり、大正12（1923）年に男子師範学校が大村に移転したため、女子師範学校が桜馬場（現・桜馬場中）に移転します。

　昭和9（1934）年には、男子と女子の師範学校の入れ替えが行なわれたため、大村に移転します。昭和18（1943）年、西浦上に移転し、長崎師範学校男子部・女子部となります。これが後の長崎大学教育学部の前身です。

長崎県立長崎中学校跡

　明治9（1876）年、小学校卒業者が増えて中学校設置が求められ、県立準中学校が外浦町に開校。

　同年、生徒が増加して伊勢町の中島聖堂内に移転。

　明治11（1878）年、長崎英語学校の廃止を受けて立山に移転し、長崎中学校（のち県立）に。

　明治17（1884）年、文部省令で県内の7つの中学校を廃して長崎県立長崎中学校が開校。

　明治19（1886）年、長崎県尋常中学校に。

　明治32（1899）年、長崎県長崎中学校に。

　明治34（1901）年、長崎県立長崎中学校に。

　明治41（1908）年、福富町（現・幸町）に移転。

　大正2（1913）年、鳴滝に移転。

　昭和23（1948）年、教育改革により長崎県立長崎中学校は長崎県立長崎高等女学校、長崎県立瓊浦中学校、長崎市立高等女学校と統廃合され、長崎県立東高等学校と西高等学校の2校に編成し、東高が西山、西高が竹の久保に移転します。

長崎区立長崎商業学校跡

　明治17（1884）年、商業学校通則の交付で神戸、横浜、大坂などに商業学校が開校。

　明治18（1885）年、大村町に長崎区立長崎商業学校が開校。翌年、夜間学校である長崎商業徒弟学校も開校。

　明治19（1886）年、県立長崎外国語学校と合併して県立長崎商業学校と改称し、立山に移転。

　明治22（1889）年、県会によって県立学校が廃止され、市に移管し長崎商業学校に。

　明治32（1899）年、長崎村馬場郷伊良林に移転し、明治34（1901）年に市立長崎商業学校と改称します。

　大正14（1925）年、長崎市立商業学校と改称。

　昭和8（1933）年、敷地拡大のため油木谷（現・油木町）に移転。

　昭和20（1945）年、原爆の被害を受け一時、上長崎小学校を仮校舎として使用。

　昭和23（1948）年、学制改革により新制高校となり長崎市立長崎商業高校に改称。

　昭和62（1987）年、現在の泉町／長与町高田郷に移転し、現在に至ります。

西山郷①

長崎七不思議

明治末から大正時代にかけて全国的に流行した「大津絵節」は長崎でも替え歌となって、お座敷などで唄われました。

　長崎の七不思議
　寺もないのに大徳寺
　平地なところ丸山と
　古いお宮を若宮と
　桜もないのに桜馬場
　北にあるのを西山と
　大波止に玉はあれども
　大砲なし
　シャンと立ったる松の木を
　下り松とは
　これで七不思議

桜馬場の西にあるから西山に

　西山郷は長崎名物にうたわれる紙鳶揚げの名所の金比羅山のふもとにひろがり、西は岩原郷立山に接し、東は中島川の支流である西山川を介して片淵に接します。

　長崎人にとって西山は中心市街地の浜の町から見て北にあるのに西山とよばれるところから長崎の七不思議のひとつに数えられるほどたいへん親しまれている地域です。実際、地名の由来は長崎氏の居城があった桜馬場から見て西の方角にあたることから西山と命名されているので、いわれを知れば不思議な話ではありません。

　江戸時代は長崎村西山郷でしたが、明治22(1889)年の市制町村制の施行により上長崎村西山郷、明治31(1898)年に長崎市西山郷となり、大正2(1913)年、西山郷は西山町1〜3丁目、上西山町、下西山町に分けられます。

　平成7(1995)年、西山1丁目を中心に再編され西山本町がつくられました。

古地図に西山の地名(「享和二年肥州長崎図」より)

長崎の氏神様

諏訪神社

諏訪神社は弘治年間(1556ごろ)、長崎甚左衛門の弟の織部亮為英が、京都より諏訪の神を受け東山(寺町長照寺付近)にお祀りしたことに始まります。その後、修験者の青木賢清が神道再興のため長崎入りし、寛永2(1625)

諏訪神社(『長崎古今集覧名勝圖繪』より)

年に長崎奉行長谷川権六郎の援助のもと、諏訪神社を西山郷圓山(現在の松森天満宮)に再建。慶安元(1648)年に現在の玉園山に移設し、玉園山神宮寺ともよばれていました。江戸中期にはオランダ人や唐人なども参詣するようになり賑います。長崎の氏神様として親しまれ、10月に行なわれる大祭(くんち)は日本三大祭と称されています。

三本の松の木から命名、松森天満宮に

松森天満宮

元和(1615-1623)年間、肥前松浦郡の川上久右衛門光房が今博多町に移り住み、祖先より伝わる菅原道真自筆の掛け軸を大切にお祀りしていました。ある日、掛け軸を入れた筒が奇光を発したので社を造り安置することにします。これが寛永3(1626)年、松森天満宮の創建です。明暦2(1656)年、諏訪神社があった地で当時は元諏訪または圓山とよばれた現在の西山に移転します。延宝8(1680)年、長崎奉行牛込忠左衛門が境内の三本の松の木を見てこう言います。「三つの枝を合わせれば森の字になる」。このことから松森と名づけられました。

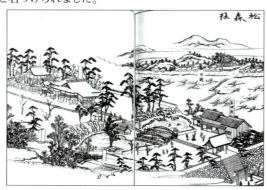

松森社が描かれる(『長崎古今集覧名勝圖繪』より)

菅原信清命社と延命寺第2代住持・尊覚尊像

慶安4(1651)年、初代宮司の宗也が没し、後藤式部信清が2代目神主になります。信清は出雲国春日大明神神主・後藤大和守の孫で宗也に養われていました。宗也は出自が菅原道真公を陥れたとされる藤原時平の子孫ということで恐縮し、黒川奉行に斡旋を願い出て、京都守護職の野山丹後守らのはたらきで道真公の子孫である高辻豊永の子の後藤式部信清を神主としたのです。この際、密教の権威者で高辻家と親しい延命寺第2代住持・尊覚は、信清を伴って長崎入りしたといいます。以降、延命寺は松森社を助け明治維新まで檀家寺としての関係となります。

菅原信清命社と延命寺
第2代住持・尊覚尊像

西山郷 ②

西山地区の氏神様

西山口／西山街道

　西山口は長崎の出入口の一つで長崎市中心部の東北に位置し、西山街道となって炉粕町の諏訪神社参道より始まります。西山街道は途中から3つに分かれ、右手は矢上、直進は多良見町伊木力、左は浦上へと向い、特に伊木力から海路大村へと続く道は、大村藩が専用に使っていた街道でした。また、殿様道とよばれ川平町-長与町三根郷間には籠立場もありました。

ザボン発祥の地

　寛文7（1667）年、ジャワから唐船で持ち込まれたザボンの種を周九娘は妙見宮の蘆草拙に渡します。蘆は早速境内に植えたところすぐに成長し、以降、長崎近郊から各地で産出するようになります。

西山神社

　西山神社は江戸時代、両部神道として妙見様を祀る神仏混淆の寺院で妙見宮とよばれていました。

　江戸時代中期、伊勢町に孔子をお祀りしていた長崎聖堂の学頭で唐通事の蘆草拙（ろそうせつ）は、西山の自宅に北辰妙見尊星像をお祀りしていました。その後、蘆草拙は享保2（1717）年に長崎奉行の許可を得て自宅近くの敷地を選び、享保4（1719）年に酒屋町乙名・村田四郎次の妙見神と合わせて社殿を開きます。これが妙見宮です。

　明治維新を経て西山神社と改称し、現在では西山地区の氏神様として親しまれています。

西山神社

名水の一つに数えられた

椎の木の水【西山神社境内】

西山神社の手水鉢の水は、昔から椎の木の水とよばれ、長崎の名水の一つに数えられていました。以前までは酒造りなどにも使われていたといいます。江戸時代の文化7（1810）年、椎の木の水は立山にある長崎奉行所まで引かれます。これは長崎の水道の始まりともいえるものです。さらに、昭和57（1982）年の長崎水害の際、この一帯が断水したときには多くの市民が椎の木の水に集まり、自然の恵みに感謝したということです。

椎の木の水

超常現象が伝わる神社

大星稲荷神社【西山神社境内】

妙見宮は別名・星の神様といわれ、北斗七星の一分身と伝えられています。星の神様のお使いといえば白蛇です。その昔、西山神社の井戸に白蛇が度々現われて宮司さんを驚かせたり、また、境内の松の木の先端が、突然、星のように白い光を発するなど不思議な現象がよく起きていたといわれています。

大星稲荷神社

渡来した珍しい薬草を栽培

西山御薬園跡

御薬園はオランダ船や唐船から持ち込まれた薬草を栽培するところで、当時、江戸、駿府、京、長崎の4ヵ所に置かれていました。長崎の薬園は江戸時代初期、長崎代官の末次家が十善寺郷（現・館内町付近）に開いたのが始まりといわれ、末次家が滅亡したあとは、延宝8（1680）年に幕府経営の本格的薬園へと変わります。元禄元（1688）年、十善寺郷の地に唐人屋敷建設が始まると薬園は立山奉行所内に移転となり、享保5（1720）年、一旦、十善寺郷（現・十人町付近）に移設しますが、最終的には文化7（1810）年に西山郷に置かれ明治初年までさまざまな薬草が栽培されました。西山御薬園は1,228坪（または1,169坪）で、現在、番人の家屋があったといわれる瀬戸口宅庭園には薬の神「神農様」が、松森天満宮にも「少彦名命」がお祀りされています。

西山御薬園跡の碑

左近稲荷神社

左近稲荷神社の創建ははっきりとしていませんが、江戸時代初期、まだ、西山地区がキリシタン全盛期だったころ、すでに西山郷の氏神様としてお祀りされていたといわれています。

参道の鳥居には「寛延三年」（1750年）の文字を見ることが出来ます。また、左近稲荷神社の社殿の後ろらには鉄砲岩といわれる大きな岩があり、いい伝えでは安政（1855ごろ）年間、晧台寺の僧・大機が、観世音菩薩の石像を造らせ、この岩を台座に使ったといわれています。

左近稲荷神社

梅屋敷

左近稲荷神社の北側、ちょうど谷間になっているところに以前まで梅屋敷とよばれる建物がありました。梅屋敷は明治以降にある商家が別荘として大きな屋敷を建て、庭にたくさんの梅を植えたところからそのようによばれていたそうです。戦後、この屋敷の川向こうに九州電力の所有の屋敷があり、長崎学の祖・古賀十二郎が晩年を過ごしました。十二郎の屋敷は平成12（2000）年に解体されています。

梅屋敷跡周辺

西山郷 ③

金比羅山

　金比羅山は崇嶽とよばれ、また木庵禅師から無凡山と命名されるなどさまざまな名を持ち、のちに金毘羅大権現がお祀りされたことから金比羅山となります。
　昭和20（1945）年8月9日の原爆では金比羅山が盾となり旧市街地（中心市街地）の被害が比較的少なかったといわれています。

旧神宮寺石灯篭
【金刀比羅神社境内】

　石灯籠は神宮寺遺構といえるもので、文化3（1806）年に建立されました。3本の竿石（足の部分）と三日月型の火袋（灯りを灯す部分）があり、竿石には唐船維纜石を使用しています。纜石を使った石灯篭は金刀比羅神社のほか清水寺、大徳寺公園の3ヶ所に現存します。

旧神宮寺石灯篭

明治維新を受けて金刀比羅（ことひら）神社へ

真言宗無凡山神宮寺跡

　寛永元（1624）年、島原出身の修験者・常樂院快晴は八幡町に修験道場を開きます。宝永2（1705）年に讃岐国象頭山より金毘羅大権現を勧請して瓊杵山（現・金比羅山）山頂の岩窟に納めます。元文元（1736）年には中腹に拝殿が作られ、祭神が航海安全の神ということで唐人や唐船主などからの銀や石灯籠などの寄進を受けるようになります。明治維新後、金刀比羅神社に変わると寺院施設は廃され、鐘楼ほか仏具は長崎裁判所に納めることになりました。入口にあった半円形の石門は聖福寺に売却され、石門は現在、市の文化財に指定されています。

航海安全の神様

金刀比羅神社

　金刀比羅神社の総本社である金刀比羅宮は香川県琴平町の琴平山（象頭山）の中腹にあり、主祭神は大物主神で昔から海の守り神として信仰されていました。長崎では明治維新を受け、無凡山神宮寺の祭神が金毘羅大権現だったことから金刀比羅神社と改称し、山の名前を金比羅山（こんぴらさん）とよぶのです。今でも航海安全の神として親しまれ毎月10日の縁日には多くの参詣者で賑わいます。

金刀比羅神社

山頂の景色の美しさは今も変わらない

金刀比羅神社上宮【金比羅山山頂】

金比羅山（瓊杵山）山頂には大巌があり、その南側背面に神殿が設けられ上宮をなしています。建物は度重なる風雨の影響でモルタル造りになっていますが、大巌にはのちの京都萬福寺第2代住持・木庵戒琭禅師による「無凡山/黄檗木庵書」の文字が刻されています。木庵禅師は万治3（1660）年にこの山に登り、あまりの景色の美しさに「無凡山」とよんだといわれています。

木庵禅師の筆による無凡山

立派な祠や狛犬に篤い信仰をみる

三井琴平神社【金刀比羅神社境内】

明治初期、長崎に支店を置き石炭販売や外国貿易などを始めた三井物産会社（現・三井物産㈱）は、金刀比羅神社への信仰が篤く、明治18（1885）年には金刀比羅神社より分霊をうけ、明治22（1889）年に三井琴平神社を創建します。以降、三井物産会社長崎支店の守護神として大切にし、例大祭には多くの社員ほか関係者を集め、さらには丸山の芸妓衆を迎えて盛大に祝宴を催しました。昭和22（1947）年、GHQの財閥解体命令により同社は解体し、その後は関係のあったゼネラル物産㈱に受け継がれ管理されていました。

三井琴平神社

当時は事件！太陽面を金星が通過

長崎金星観測碑

明治7（1874）年12月9日、金星が太陽面を通過するという当時の天文界では大変重要な現象が起こります。これを観測することで太陽と地球の距離を正確に導き出すことができ、さらには太陽系解明の手がかりとなるため、適地である日本で観測が行われることになりました。横浜、東京、神戸、長崎の4ヵ所に各国より観測隊が訪れます。長崎では大平山（のちの星取山）でアメリカのジョージ・デビットソン隊が観測を行い、金比羅山ではフランスのJ.ジャンサン隊6名が観測を行います。結果、アメリカ隊は天候不順で結果が出せませんでしたが、フランス隊は成功し、ジャンサンは自らこの記念碑を建て成功を祝いました。

金星観測碑

真言宗不動山室生寺

室生寺は昭和38（1963）年、秋智浄法尼の発願によって創建されました。本尊を不動明王とし"西の高野不動山室生寺"と称し霊山として親しまれています。また、安置されている弘法大師像は縁結びの御利益があるとして縁結び大師とよばれています。

真言宗不動山室生寺

金井俊行墓所

金井俊行（1850年-1897年）の父は西山郷出身の長崎代官手代（補佐）金井八郎で、俊行は幼少から漢籍を学びます。15歳の時に長崎代官所書役に任命され、明治政府では長崎府軍用方属役や長崎および佐賀県の書記官を歴任します。明治19（1886）年に長崎区長となり政治家として活動します。区長になってからは教育改革（教育の平等）や道路、下水道などの整備を進め、さらに近代的水道を進める上で重要な本河内水源地の創設に力を注ぎます。また、「長崎年表」なども執筆しました。
明治23（1890）年、最後は南高来郡郡長を務め、政治の場から退きました。墓所は椿原墓地にあります。

金井俊行墓所

9世紀の長崎にあった広大な寺院・神宮寺
伝説の寺院、一大伽藍の全貌とは？

はじまりは聖徳太子の時代にさかのぼる

天台宗神宮寺について①

　江戸時代後期に書かれた『長崎名勝圖繪』には、古来長崎には神宮寺という寺院が今の諏訪神社付近に立っていたと記されています。始まりは聖徳太子が活躍していた推古天皇5（597）年、朝鮮半島の百済より渡って来た琳聖太子が建てた道場で、のちの弘仁年間（810-824）に嵯峨天皇の許しを得て寺院とし、その後、代々長崎氏がお祀りをしていたといいます。

　一方、室町時代の嘉吉元（1441）年、大名・赤松満祐は将軍・足利義教を暗殺（嘉吉の乱）します。これにより足利義勝が兵を出すよう大宰（府）の少弐嘉頼に命令するも応じなかったため、大名・大内教弘が兵を出すと少弐軍は肥前に逃げていきました。その際、大内軍は神宮寺に立ち寄り参拝したといわれています。これは大内氏が琳聖太子の末裔ということと、神宮寺の神を信仰していたからだとされていますが、寺に駐留するなどして荒廃し、さらには慶長時代（1596-1615）*にキリシタンによって破却され、神宮寺跡地には教会が建ったと伝えられています。なお、教会はセント・ルカス教会といい、そのルカスが「ろかす」に変わり炉粕町になったという説があります。*天正9年（1581）の説もあります。

神宮寺全景

壮大な伽藍におもいを馳せる

天台宗神宮寺について②

　神宮寺は、薬師堂、毘沙門堂、観音堂、妙見祠、斎道寺、鎮道寺などのお堂や坊を構えた一大伽藍の寺院だったと伝えられていますが、すべてが焼き払われたためその姿は想像の域を脱しません。

　範囲は今の諏訪神社から長崎歴史文化博物館、馬町から玉園町付近一帯に及び、薬師堂は長崎公園付近、毘沙門堂は諏訪神社参道付近、観音堂、妙見祠、斎道寺、鎮道寺などは神宮寺境内地にあったといわれています。

　こうした中、宝永2（1705）年に金比羅山に金毘羅大権現が勧請され、のちに本社が建ち、享保10（1725）年には神宮寺の名称となるのです。これは古来長崎にあった神宮寺の再興という位置づけでした。

重層的な歴史を物語る
西山町地蔵堂

　江戸後期の『長崎名勝圖繪』には、古来長崎（6世紀）には神宮寺という寺院が今の諏訪神社付近にあって、その末庵の観音堂が「西山村の内烏帽子山の下」にあるとされ、これが西山地蔵堂の起源になります。正平5（1350）年、神宮寺が改修された際に、観音寺と称されたようです。

　長崎を治めていた長崎氏の妻はこの寺で祈願を行っていたこともあり、ここを加持聞場（かじきかば）とし、地元の人たちは、字名の小川から「小川の観音」とよんでいました。観音寺はその後、キリシタンの破却に遭い姿を消します。

　元禄年間（1688-1704）、長崎の役人が霊夢を見て、付近を掘って見ると数体の石塔を発見したため祠を設けて、石像を安置します。享保19（1734）年に改修がなされ、のちに聖福寺の末寺「観音院」となります。天明2（1782）年、晧台寺第15代住持の天苗は観音院を譲り受け、高野平にあった蒙山堂（4代住持玄光隠居所）を移転させて般若林と改称しました。

　明治維新で廃された後、地元住民の願いによって現在地に移され今に至ります。

西山町地蔵堂

木場郷 ①

木場町の集落や地理がよくわかる案内図です。

各集落ごとのお堂

木場地区の各集落には、集落ごとの氏神のように地蔵尊や観音菩薩がお祀りされ、集落ごとのお祀りの仕方、祭礼が行われています。

木場とは山間部の開けた空き地のこと

　木場郷は長崎村でもかなり山間部にあり、西山や片淵のさらに奥、北側は同じ幕府領の浦上山里村、東側は佐賀藩諫早領矢上村田中名に接しています。

　江戸時代は長崎村木場郷、明治になり上長崎村木場郷、大正9(1920)年からは長崎市木場郷、大正12(1923)年には長崎市木場町となり今に至ります。一般に西山木場とよばれ、長崎市民の水がめである西山高部水源地があり、大半が山林におおわれ農地が広がっています。すべてが木場町○○番地という表記のため、地域では現在でも字名が使われています。

　一の坂(いちのさか)、日向(ひなた)、古田(こだ)、加美(かみ)、広刈(ひろがり)、折山(おりやま)、乱林(みだればやし)、主不知(しゅしゅらず)などの文字は地形や土地柄を表わしています。

　地名の由来ですが、一般に「コバ」とは山間部の開けた空き地を意味します。また、焼き畑を起源とする地域の焼畑をコバとよぶため木場の地名がついたと考えられています。一方、西山木場に関しては文字通り林業が盛んにおこなわれていた場所、あるいは、炭焼きなどが盛んにおこなわれていた場所と考えられています。

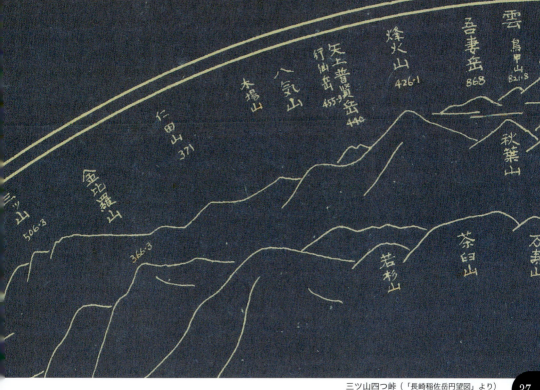

三ツ山四つ峠（「長崎稲佐岳円望図」より）

交通における重要な場所

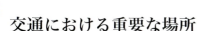

三ツ山四つ峠

　三ツ山四つ峠とは長崎市街地の東北にそびえる帆場岳を中心とする三つの山（実際は四つの山）と、そこに東側からつながる四つ峠のことをいいます。四つ峠とは日見峠、中尾峠、木場峠、現川峠です。

　日見峠は本河内（高野平）から芒塚日見方面、中尾峠は本河内（奥山）から中尾矢上方面、木場峠は西山木場から中尾矢上方面、現川峠は西山三川から現川方面へとそれぞれを結ぶ交通の要所で、日見峠を除き、主に農家が農作物を運ぶために利用していた道でした。

西山ダム

　幕末から明治にかけて長崎ではコレラが流行しました。近代的な上水道建設を求められるようになり、明治24（1891）年、日本初の近代水道用ダムである本河内高部水源地が造られます。

　当時の長崎市の人口は5万5千人でしたが、人口増加に伴い明治37（1904）年に本河内低部水源地と西山高部水源地が相次いで造られ、西山低部水源地として浄水場、配水池が完成します。このときすでに長崎市の人口は11万人を越えていました。昭和55（1980）年、本河内水源地と西山水源地の浄水場を統合し本河内に集約することになり、昭和57（1982）年の長崎水害以降、防災工事が進められ、平成13（2001）年に多目的ダムの西山ダムとして生まれ変わります。

木場郷 ②

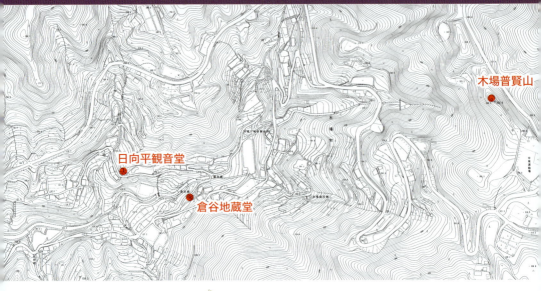

木場地区最大のお堂

倉谷地蔵堂

創建は不明です。地元木場地区の住民によってお祀りされています。

倉谷地蔵堂

日向平観音堂

創建は貞享3（1686）年で日向地区の守護として観世音菩薩がお祀りされています。また、観音像には木場村の「五平」の銘があります。毎年、10月19日を木場くんちと称し祭礼を行っています。日向平観音堂は木場地区最大のお堂で、木場地区に寺院がないため当時はここがその拠点として葬儀などが行われていました。

また、境内には日独戦争の記念碑もあります。日独戦争は一般には第一次世界大戦をいいます。日本は中国にあったドイツ帝国の租借地である青島を攻略しました。当時この木場地区から多くの兵士が出兵したことがわかります。

日向平観音堂

日獨戦争記念灯篭

郵 便 は が き

料金受取人払郵便

長崎中央局
承　認

1371

差出有効期限
2024 年 1 月
14 日まで
（切手不要）

８５０-８７９０

長崎市大黒町３－１
長崎交通産業ビル５階

株式会社 長崎文献社

愛読者係 行

ᴵᵎᵎᴵᵎ

本書をお買い上げいただき、誠にありがとうございました。
ご返信の中から抽選で50名の方に弊社制作の長崎に関するポスト
カード（5枚）を贈呈いたします（12月末抽選、発送をもって発表に
かえさせていただきます）。

フリガナ　お名前	男・女　歳
ご住所　（〒　　　ー　　　）	
Eメール　アドレス	
ご職業　①学生　②会社員　③公務員　④自営業　⑤自由業　⑥主婦　⑦その他（　　　　　）	

愛読者カード

ご記入日　　年　　月　　日

本書の タイトル	

1. 本書をどのようにしてお知りになりましたか
①書店　②広告・書評（新聞・雑誌・テレビ）　③チラシ
④弊社ホームページ　　⑤人にすすめられて　　⑥出版目録
⑦その他（　　　　　　　　　　　　　　　　　　　　　　）

2. 本書をどこで購入されましたか
①書店店頭　　②ネット書店（アマゾン等）　　③弊社ホームページ
④贈呈　　⑤その他（　　　　　　　　　　　　　　　　　　　）

3. 本書ご購入の動機（複数可）
①内容がおもしろそうだった　②タイトル、帯のコメントにひかれた
③デザイン、装丁がよかった　④買いやすい価格だった
⑤その他（　　　　　　　　　　　　　　　　　　　　　　　　）

本書、弊社出版物に関しお気づきのご意見ご感想ご要望等

（ご感想につきましては匿名で広告などに使わせていただく場合がございます。）

ご協力ありがとうございました。良い本づくりの参考にさせていただきます。

消えてしまった長崎の木場

　木場町は長崎市に早いうちに編入された地域ということもあって、当初から木場町と称されるようになりましたが、長崎市内には多くの「木場」があり、その後の編入に際しては、残念ながら、「木場」の名称が消えて、以下の町のように、別の名称になった地域が多数あります。

〈早坂町〉
　江戸時代、早坂は島原藩茂木村に属し木場名と称されていました。明治12（1879）年に西彼杵郡茂木村木場名となり、大正8（1919）年、西彼杵郡茂木町木場名、昭和37（1962）年には長崎市茂木町木場名、そして、昭和46（1971）年、木場名は早坂町となります。早坂の由来は定かではありません。

〈三ツ山町〉
　江戸時代は西浦上村木場郷に属し、昭和24（1949）年に長崎市三ツ山町となりました。町名の由来は地区の南側にそびえる三ツ山にちなむものです。

〈園田町〉
　園田町は江戸時代、大村藩式見村に属し木場郷と称していました。明治4（1871）年に大村県となり、そして長崎県へ。明治11（1878）年、長崎県西彼杵郡式見村木場郷、明治22（1889）年に市制町村制が引かれ式見村木場郷となります。昭和37（1962）年には、長崎市に合併し長崎市木場郷となり、そして、昭和46（1971）年より園田町となります。園田町の由来は地区の字名より園田町となりました。

〈船石町〉
　江戸時代、船石町は高来郡古賀村に属していました。明治22（1889）年、市制町村制が施行されると北高来郡古賀村木場名となり、昭和30（1955）年には古賀村と戸石村と合併して東長崎町木場名、そして、昭和46（1971）年から長崎市船石町になります。町名の由来は地区にある船石山から命名されました。

木場普賢山

　普賢山は標高362メートルの山で一般に木場普賢山とよばれる山です。山頂に普賢菩薩をお祀りされているところから普賢山とよびます。木場普賢山の東にあたる矢上にも同じ普賢山という山があり、同地区には古くから普賢信仰があったものと考えられています。

木場普賢山の普賢菩薩

片淵郷 ①

乃武館武芸所跡

江戸時代末期、片淵のこの地には長崎奉行所役人官舎がありました。文久3（1863）年、第116代長崎奉行服部長門守常純はその官舎のそばに武道の奨励のため乃武館という道場を設け、地役人を始め番所詰めの者やその子弟ほか市民まで多くの者を受け入れました。明治に入り廃止されますが、明治元（1868）年、戊辰戦争へ長崎から出征した振遠隊は隊員全員がこの乃武館出身者でした。建物は、明治10（1877）年の西南戦争時に戦病者病院として使用されました。

乃武館武道所跡

川の片側にふちが多くて片淵に

　片淵郷は中島川の支流西山川の東側エリアで、北側は木場郷、南側は長崎市中に接し、山間部から市街域までと広範囲に及びます。かつて、西山川流域は田畑が広がり、平野部と山間部の境あたりには貿易商人などの別荘地が広がっていました。地名の由来は西山川の東側に烏亀淵、準提淵、若木淵、楠淵、瓢箪淵などの多くの淵（川の深い場所）を持ち、ここから片淵、偏潭（かたふち）などとよばれるようになります。

　江戸時代は長崎村片淵郷、明治22（1889）年から長崎市街地寄りが長崎市片淵郷、大半は上長崎村に編入し上長崎村片淵郷となり、大正12（1923）年からは長崎市にすべて編入し長崎市片淵町1〜3丁目になります。昭和56（1981）年からは片淵1〜5丁目になり今に至ります。

　区域には長崎大学経済学部や史跡心田庵、仏舎利塔などがあります。

片淵村（松森社・部分『長崎古今集覧名勝圖繪』より）

優秀な人材を輩出した学び舎

英語伝習所跡

　安政4 (1857) 年、幕府は長崎奉行所西役所内に英、仏、露語の学習を始めるよう命を出し、語学伝習所を発足させます。翌5年、岩原屋敷に移り、英語伝習所と改称、文久2 (1862) 年には片淵の乃武館内に移って英語稽古所となります。明治元(1868)年に広運館となり、翌7年には長崎英語学校と改称します。広運館には督学（監督）に丸山作楽（島原藩士国学者）やフルベッキ（オランダ人宣教師）が就き、英語はオランダ通詞が担当し、楢林栄左衛門などが指導していました。井上馨（外務／内務／大蔵大臣）が館長兼国学や漢学の講師にもなりました。卒業生に西園寺公望（第12代首相）や伊東巳代治（農商務相）などがいます。

牢屋敷は監獄から刑務所に改称

長崎監獄片淵分監跡

　慶長5 (1600) 年、南馬町に牢屋敷が建ち、翌年に桜町のキリシタン墓地が立山に移った跡地に牢屋敷は移設されます。禁教令によってサン・フランシスコ教会が破却された後の元和6 (1620) 年、現在の市役所別館の敷地が牢屋敷に変わり規模が拡大します。明治維新後は桜町監獄と改称し、明治15 (1882) 年に片淵へ移転して長崎監獄としました。明治41

長崎監獄片淵分鑑の入口跡

(1908) 年、諫早市に新設の監獄が作られたためここを長崎監獄片淵分署と変更し、さらに長崎刑務所片淵分署に改称されます。片淵付近の市街化が進んだ昭和3 (1928) 年、浦上の岡町（現・平和公園）に移転しました。

刑務所跡地は西明寺が払い下げ

真宗西本願寺派光潤山西明寺

　西明寺は諫早市飯盛町里名田結が本院でここは分院にあたります。当初、西明寺は出張所を出来大工町に開き、大正3 (1914) 年に新中川町へ移転します。昭和3 (1928) 年、長崎刑務所が移転した跡地の北隅は絞首台のあったところで長い間、空地になっていました。西明寺が払い下げを受け移転することになりました。

西明寺

宮副町

　昭和3 (1928) 年、長崎刑務所が移転した跡地は次々に払い下げられ、多くを宮副氏が購入したため宮副の表札が多くなり、当時は宮副町ともよばれていました。

宮副町とよばれた辺り

矢場下橋と新設記

　碑文によると、片淵、西山地区は昔から交流がありましたが西山川に隔たれていたため交通の便が悪く、長崎市に対し両町有志が架橋を求めていました。大正13 (1924) 年、ようやく気運が熟し地元市会議員をはじめとする有志らの支援により地元所有者の土地を購入します。また、文部省の所有地32坪（約106㎡）、高木與作所有地84坪（約277㎡）、大塚泰次郎20坪（約66㎡）らの土地の寄進を受け、ようやく架橋に入り大正14 (1925) 年に完成しました。
　橋名はその昔、この付近に長崎氏の演武場があり弓矢の稽古場があったところから矢場、その下側ということで命名されました。矢場下橋は、延長6間（約10.8m）、幅2間（約3.6m）と記録されています。

矢場下橋と新設記の石碑

片淵郷 ②

拱橋(こまねばし)

拱橋は長崎高等商業学校の造成のために開校前の明治36(1903)年に架橋され、のちに学校の大手橋として利用されます。

当時、鉄筋コンクリート橋が一般的になっていた時代ですが、学校の景観を考慮し石造橋が選ばれました。また、形状も中島川の他の石橋とは異なる上部空間が開かれた上路式アーチ橋となっていて、近代的な設計となっています。登録有形文化財。

拱橋

長崎の最高教育機関

長崎高等商業学校跡／長崎経済専門学校跡

明治38(1905)年、勅令第96号により長崎高等商業学校(通称・高商)を設立します。東京の第一高商、神戸の第二高商に次ぐ第3番目の高商で長崎医学専門学校(通称・医専)と共に長崎の最高教育機関でした。

当時、この長崎高等商業学校には中国や旧満州から多くの留学生を向え、また多くの実業家を生み出しました。『死の棘』を書いた作家の島尾敏雄も卒業生のひとりです。

昭和19(1944)年、勅令第165号により長崎経済専門学校と改称し、長崎工業経営専門学校(昭和21年廃止)を併設します。

昭和26(1951)年、国立大学設置法により長崎経済専門学校は長崎大学経済学部に変わり、平成16(2004)年に国立大学法人化します。

長崎高等商業学校正門(『華の長崎』ブライアン・バークガフニ編著より)

大正時代の長崎を代表する建物

長崎大学瓊林会館

　瓊林会館は大正8（1919）年、当時の長崎高等商業学校の研究館として建てられたものです。衆議院議員として、また海運業（橋本汽船）で名を馳せた橋本喜造（1872年–1947年）によって新築寄贈されました。構造は煉瓦造り2階建、スレート葺、車寄せ付になっています。

　橋本は大正12（1923）年、大阪堂島に洋風ビル「堂島ビルヂング」を建てたことでも有名です。昭和17（1942）年、建物は大東亜研究所と改称し、昭和24（1949）年からは長崎大学経済学部が使用します。昭和47（1972）年には、解体を免れて改修の後、長崎大学瓊林会館として残されました。登録有形文化財です。

長崎大学瓊林会館

重厚な佇まいの近代的な煉瓦造倉庫

長崎大学経済学部倉庫

　この倉庫は明治40（1907）年に建てられた旧長崎高等商業学校の倉庫建物で、創立当初の建物で唯一残る建造物です。

　2階建てで煉瓦の壁はイギリス積みという意匠です。内部は木造の洋小屋組になっています。倉庫周囲の窓の上部は楣石と下部は窓台石で装飾され、煉瓦壁上部の石材は曲線形の装飾がなされています。

　こちらも登録有形文化財です。

長崎大学経済学部倉庫

旧長崎高商表門衛所跡

　長崎高等商業学校は通称を高商といい、創立は明治38（1905）年で長崎医学専門学校（通称・医専）と共に長崎の最高教育機関でした。

　昭和19（1944）年、長崎経済専門学校と改称し、さらに昭和26（1951）年、新制大学制により長崎経済専門学校は長崎大学経済学部に変わり現在に至ります。

　表門衛所は創立当時のもので、昭和50（1975）年頃、グラバー園内に移築保存されました。

グラバー園に移築された
旧長崎高商表門衛所

片淵郷 ③

● 長崎仏舎利塔
● 丸尾天満宮
● お城谷観音堂
● 転入山深廣寺
● 心田庵

長崎市内では唯一の木造茅葺き

心田庵

　心田庵は唐小通事の何兆晋が天和元（1681）年頃に建てた別荘で、江戸時代中期の庭園が残っています。約530坪（1750平方メートル）の敷地には長崎市街地では唯一の木造茅葺きの建物（茶室、玄関）や土蔵などがあります。心田庵は以前まで増田水産㈱の所有でしたが平成23（2011）年に長崎市に譲渡され、市有形文化財に指定されました。

　心田庵は何兆晋にとって心のよりどころともいえる場所、まさに、引退後は心を耕し晩年を過ごした場所でした。

真宗仏光寺派転入山深廣寺

　安永天明年間（1772-1789）ごろ、正覚寺の僧・観海は布教活動に熱心で帰依者も多く、寛政3（1791）年に正覚寺の住持・寂興は本山の許しを得て、正覚寺内に深廣寺を開き観海を開基とします。
　一方、片淵の地は寛永年間（1624-1644）に正覚寺開基の道智がキリシタンへの改宗教化をした地区だったこともあり正覚寺の壇徒が多く、寛保2（1742）年に正覚寺の住持・浄超が転入庵という庵を設けると片淵の壇徒はすべて属するようになります。壇徒は明治30（1897）年ごろから一寺建立を希望しますが許しが出ず、明治43（1910）年に正覚寺内の深廣寺を移転させ転入庵を改称します。

深廣寺

耕作地や山に囲まれていた心田庵周辺
（「享和二年肥州長崎図」より）

心田庵

廃仏毀釈の影響？御神体に破壊の跡

丸尾天満宮

　創建は不明です。祭神は菅原道真公です。御神体は石造で首が折られている跡があるところから廃仏毀釈の影響があったと考えられ、江戸時代のものと推測できます。以前は現在地より下方（丸尾付近）にあって、昭和46（1971）年、現在地に移転しました。社殿は平成5（1993）年に新築されています。

丸尾天満宮の天満様

丸尾天満宮

被爆地から世界平和を祈る

長崎仏舎利塔

　仏舎利塔とは、お釈迦さまの骨をお祀りした宝塔のことをいいます。世界各地に世界平和を祈念して日本山妙法寺の山主・藤井日達によって建立されました。特に長崎は原爆の被爆地として悲惨な歴史を持つところから被爆25周年を記念して昭和45（1970）年に建立されています。

　宝塔の設計は社寺建築で有名な大岡實氏で、インドラージギル霊鷲にある多宝塔を模したデザインになっています。塔の正面は釈尊転法輪像、東面は釈尊誕生仏、裏面は釈尊降魔成道仏、西面は釈尊御涅槃仏です。

長崎仏舎利塔

お城谷観音堂

　創建は不明です。本尊の大悲観世音菩薩台座には「元文元年（1736）片淵村女人講18人」とあり、さらには盂蘭盆会用の銅鑼（双盤）には天保5（1834）年と刻されており、観音堂はすでに江戸時代中期より奉仕されていたことが分かっています。

お城谷観音堂の観音像

お城谷観音堂

夫婦川郷 ①

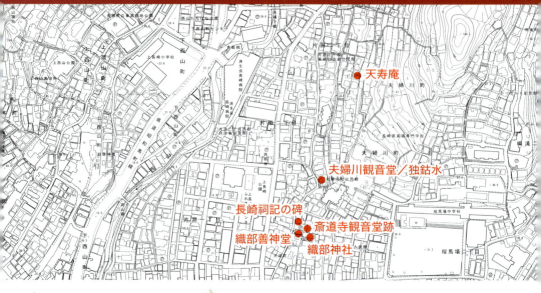

斎道寺観音堂跡

斎道寺は当初、神宮寺（長崎公園付近）の支院として建てられましたが、キリシタンによって破却されます。その後、僧・良明によって再興されますが、すぐに途絶えてしまいました。

明治36 (1903) 年になり、近所の田川金吉によって復興されましたが、現在は存在していません。

なお、斎道寺境内にあった泉は夫婦川の由来ともなった雄の方の泉で、寛永年間 (1624-1643) には、長崎に来航した多くの外国人がわざわざ水を汲みに来たと伝えられています。

斎道寺観音堂跡

夫婦の泉が地名の由来に

夫婦川郷は長崎村13郷の中で一番面積が狭く、中心地でもある馬場郷に隣接していて昔から住宅が多く立ち並ぶ地域です。

夫婦川郷は「めおとごう」や「めおとご」ともよばれ、地名の由来は、トッポ水と斎道寺泉のふたつの泉に由来します。江戸時代は長崎村夫婦川郷、明治22 (1889) 年の市制町村制の施行により上長崎村夫婦川郷、明治31 (1898) 年には長崎市夫婦川郷、また、大正2 (1913) 年に一部が片淵町と大半が夫婦川町となります。

昭和56 (1981) 年の町界町名変更によって夫婦川町と一部が桜馬場1〜2丁目となりました。区域には臨済宗の春徳寺や長崎甚左衛門の弟の墓所でもある織部神社などがあります。

春徳寺周辺（「享和二年肥州長崎図」より）

領主の兄を陰で支えた

織部神社

長崎の領主・長崎甚左衛門の弟の長崎織部亮為英をお祀りした神社で、墳墓の上に社を建ててあります。為英は大変豪傑で兄の甚左衛門を陰ながら支えていたと伝えられ、寛永4 (1627) 年に没しました。ここを参詣したある俳人は「いさぎよき　名は花に出て　苔の下」と為英を詠いました。

織部神社

御仏体は甚左衛門の末裔がモデルに

織部善神堂

長崎織部亮為英のためのお堂で、長照寺の末寺としてお祀りされていましたが、明治時代に廃されました。平成21 (2009) 年12月7日、長照寺によって再興され、日蓮聖人と鬼子母神、そして織部亮為英をお祀りしています。織部亮の仏体はのちに再興されたものですが、古賀十二郎の仲介で長崎甚左衛門の子孫の方の顔を基に再現されたということです。

織部亮為英像

西道仙によって記された歴史

長崎祠記の碑【織部善神堂境内】

織部神社にお祀りしてある長崎織部亮為英とその兄の長崎甚左衛門について刻まれたもので、明治27 (1894) 年、当時の長崎市議会議長で漢学者の西道仙によって建てられました。碑文も漢文で西道仙によって作られています。材質は鳴滝にある琴石と同質ものです。

長崎祠記の碑

長崎甚左衛門が過ごしたと伝わる

天寿庵

天寿庵は付近の小字にも使われています。その昔、長崎甚左衛門の庵があったといわれ、現在は中川氏所有のお堂としてお祀りされています。中川氏は中川という地名の由来ともなった家系で、長崎甚左衛門の流れを持っているともいわれています。

天寿庵

独鈷水

一般にトッポ水といわれるこの泉は、昔から"泉質透明、冷徹、旱天にも涸渇せず"といわれている湧き水ですが、正確な名称は独鈷水です。その昔、弘法大師（空海）がこの地を訪れたとき、付近の人々が水に大変困っていることを哀れに思い、携えていた仏具の独鈷を地面に突き刺したところ水が湧き出したといわれています。

独鈷水

夫婦川観音堂

夫婦川観音堂は独鈷水（トッポ水）の上にある観音堂のことをいい、延宝7 (1679) 年に観世音菩薩を本尊として創立しました。いい伝えによると、その昔、この夫婦川郷が飲み水に大変困っていたとき、観世音菩薩に祈願し開墾したところ清水が湧き出したといわれ、それがお堂下の泉といわれています。また、この泉は長崎に入港した唐船やオランダ船の飲み水に使われたとも伝わっています。

夫婦川町観音堂

夫婦川郷 ②

烟草初植地の碑

永禄12（1569）年、トードス・オス・サントス教会が現在の春徳寺に建てられ、近くに薬草園が設けられて多くの薬草が植えられました。天正4（1576）年に南京芋（ジャガイモ）が、慶長4（1599）年には煙草を輸入して栽培が始まります。これが煙草の日本の初植えとなります。（平戸説、鹿児島説もあります）。

当時、煙草は薬として利用され「人目覚まし草、煙り草」といわれていました。その後、長崎の名物となっていきます。

烟草初植地の碑

かつて美しい教会があった

トードス・オス・サントス教会跡（Todos los Santos）／セミナリオ（Seminario）／コレジオ（Collegio）跡

永禄12（1569）年、ガスパル・ヴィレラ神父によって建てられた教会で、ポルトガル語の「諸聖人」を意味します。この地にはもともと小さな密教寺院があり、長崎甚左衛門がルイス・デ・アルメイダに与えた土地でした。アルメイダが天草に移ると代わってガスパル・ヴィレラ神父が長崎の布教の専任となり、"小さいながらも美しい教会"と伝えられたトードス・オス・サントス教会が建てられるのです。

教会は天正2（1574）年、西郷氏（諫早領主）と深堀氏に攻め込まれて焼失しますが、慶長8（1603）年に再建されます。慶長2（1597）年にはセミナリオとコレジオ及び活字印刷所がここに移され、慶長7〜12（1602-1607）年に修練院も開かれます。慶長17（1612）年に有馬から追放されたセミナリオが移設され、禁教令の慶長19（1614）年まで存続しました。慶長19（1614）年には高山右近らが追放後に滞在しています。教会の建物は禁教令後も元和5（1619）年まで残りました。県指定史跡です。

トードス・オス・サントス教会跡

結城了悟神父によって建立された記念碑

ルイス・デ・アルメイダ渡来碑

ポルトガル出身の貿易商ルイス・デ・アルメイダ（1525年-1583年）は、航海中に修道士グループに遭遇し来日します。豊後（現・大分市）で日本初の西洋医学教育を行ない私費で病院などを設立し、その後、平戸、大村、口之津、福田浦などを経て永禄10（1567）年、長崎甚左衛門に迎えられました。甚左衛門の屋敷近く（現・春徳寺）で布教と医療を行ないます。これが長崎における西洋医学の伝来です。翌年には天草に渡り、天正11（1583）年に天草で没しました。記念碑は昭和42（1967）年、結城了悟神父の尽力により建立されました。

ルイス・デ・アルメイダ渡来碑

末次家との繋がりのある寺

臨済宗華嶽山春徳寺

寛永7（1630）年、僧・泰室清安によって岩原郷（現・立山付近）に大梅山春徳寺が開かれます。泰室は豊後の出身で博学を持って知られ、当時、輸入唐書などがキリシタンに関連するものかを検査する役を命ぜられていました。以後も春徳寺住職は書物改役に任ぜられるようになります。その後、寛永17（1640）年、第4代長崎代官で大檀越の末次平蔵茂貞（末次家2代）の尽力によってトードス・オス・サントス教会跡地に移転します。このとき末次家初代の平蔵政直の法名から華嶽山春徳寺と改められました。

春徳寺

追悼と世の平穏無事を祈る

宝篋印塔【春徳寺境内】

文化10（1813）年に篠崎兵三正信が造塔施主となり、肥後（熊本県）の僧・豪潮が建てた供養塔です。豪潮は文化4（1807）年に伊勢町（現在は禅林寺境内）、文化8（1811）年に本河内と相次いで宝篋印塔を建立していますが、時代背景として文化元（1804）年に大雨洪水、文化5（1808）年にフェートン号事件、文化7（1810）年には文化の大洪水、そして、文化9（1812）年の大雨と大火と続く不安定な時期で、供養塔はそれらの犠牲者の追悼と安全祈願によるものと考えられます。

宝篋印塔

キリシタン井戸（外道井）と祭壇【春徳寺境内】

春徳寺庭園内にはキリシタン井戸または外道井とよばれる井戸があります。トードス・オス・サントス教会時代に使用されていた井戸で、昔は外道井とよばれていました。また、井戸の横には大理石の板石があります。昭和13（1938）年ごろに本堂の床下より掘り出されたもので、加工されているところから教会時代に使用された祭壇などの石と推測され、井戸と並びトードス・オス・サントス教会のものと考えられています。

キリシタン井戸

祭壇と思われる石

夫婦川郷 ③

頴川入徳醫翁碑
【春徳寺墓域】

陳明徳（1607年–1674年）は明国の浙江省出身の医者で、寛永4（1627）年に来日し、明が清に代わったのを機に日本名「頴川入徳」として帰化します。その後、頴川入徳は小浜温泉の効能を認め、療養の地として広めていきました。碑文は儒者の安東省庵によるものです。墓所は小浜にあります。

頴川入徳医翁碑

群雄が割拠した時代の名残り

城の古趾／唐渡山

　城の古趾は文字通り古い城址（跡）を意味します。しかし、城といっても一種の砦で、有事の際にこの地に集結していたようです。また、別名を唐渡山といい、語源は、かつて春徳寺のところにあったトードス・オス・サントス教会が訛ったという説や、この地から唐（中国）へ渡る船を見ていたといわれています。

城ノコシ
（「享和二年肥州長崎図」より）

　城の古趾の領主が長崎氏です。長崎小太郎重綱ほか歴代が領主となりました。

領主でもあった先祖を供養

長崎氏一族之供養塔

　春徳寺墓域に長崎氏一族之供養塔があります。昭和63（1988）年、長崎一族追悼のため、春徳寺第23代住持・上野真田によって建立されました。また、長崎甚左衛門の養子・長崎三郎兵衛は、のちに大村藩の給人として活躍し、以降は大村藩戸町村大浦郷にあった大浦番所の添え番となりました。三郎兵衛系長崎家の墓所が上戸町の上郷墓地にあります。

長崎氏一族之供養塔

末次家の栄枯盛衰を物語る

龍頭巖

龍頭岩

城の古趾（唐渡山）頂上にあり、岩の形が龍の二つの角のように見えるため名づけられたといいます。かつて、長崎氏がこの岩を防備として城（砦）を築いた際、敵が攻めてくると雲霧がたち、高々と城がそびえて見えるので敵は手だてがなくなったと伝わります。これは巖の霊気によるものでした。寛永年間（1624-1643）、第2代末次平蔵茂房が父・政直の墓を作ろうと巖に斧を入れたところ鮮血が噴き出したため中止したとあり、それと共に霊気は消え、さらに時折その傷跡が鳴動するようになったといいます。末次家が滅んだのは、長崎への風水の源であった巖を削り取ったためといわれていました。

黄檗宗の隠元や即非禅師も訪れた

城古趾観音堂

城古趾観音堂

唐僧の隠元禅師は長崎滞在中〈承応3（1654）年〜4（1655）年〉に、城の古趾の頂上の岩に「大圓通」と文字を刻し、さらにその高弟で明暦3（1657）年に来日した即非禅師（崇福寺住持）は「南無観世音菩薩」と刻しました。承応年間（1655ごろ）、この地に崇福寺末庵の慈眼院の開山でもある月窓が石室をもって観音堂を開きます。現在では石室と刻された岩のみとなっています。また、即非座禅石といわれる大きな岩もあります。

焼山（八気山）

その昔、焼山の山頂には城の古趾同様、山城（砦）があって有事の際には集結していました。ここは長崎の領主長崎氏の山城で、敵対していた深堀氏に対して築かれたものといわれ、焼山という名から焼き討ちにあったとも考えられています。焼山の片淵側の谷にはお城の谷または後の谷という地名が残っていて、焼山山頂付近に城塞や空掘りなどの形跡を見ることができます。

焼山　建山

■長崎に伝わる民話のひとつ

タンタン竹女

昔、上手に笛を吹く竹という若い娘がいました。いつも龍頭巖に登っては笛の音を聞かせていたと言います。竹には片想いの青年がいたのですが、青年はほかの娘に想いをよせていることを知ります。竹は落胆して笛の音も寂しくなっていきました。ある日のこと、竹がいつものように龍頭巖で笛を吹いていると、山手から美しい笛の音が流れてきました。竹はその音にひかれ山奥に入ってしまいます。その日から竹は家に帰らず、心配した家族があちらこちら捜していると、数日後、竹は気が抜けたように龍頭巖の上に座っていたそうです。あわてて家に連れて帰ると竹は原因不明の病にかかり寝込んでしまいました。さらに不思議なことに指の間から蛇のうろこが落ちてきます。家族は修験者をよんで祈祷をすると、竹はたちまち気を取り戻したそうです。しばらくして修験者が龍頭巖に登ると一人の好青年の武士に出会います。あやしいと思い修験者が一喝すると武士は蛇と変わり、どこかへ消えていったそうです。それからこの龍頭巖を竹で叩くと底の方で「タンタン‐タケジョ」と音がするようになったと伝えられています。「タンタン‐タケジョ」の音は武士（蛇）の魂といわれています。

長崎の黄金時代を築いた末次家

　貿易都市として栄えた長崎は各地から移住してきた貿易商人たちの町でした。出自や家柄などに関係なく才能があり、チャンスをつかんだ者がリーダーとなりました。その代表的な人物が村山等安と末次平蔵です。

　初代の長崎代官は村山等安です。南蛮菓子屋を営んでいましたが、ルソンつぼの取り引きで財をなし、朝鮮出兵で九州に来ていた豊臣秀吉に気に入られて長崎代官となります。富と権力を手にした等安でしたが、大坂夏の陣で息子が大坂城に爆薬を運び込んだことと、もうひとりの息子をひそかに豊臣方として大坂の陣に送り込んだことが幕府に知られ失脚します。その後、長崎代官となったのが末次平蔵政直です。じつは幕府に等安を訴えたのはこの平蔵政直でした。父の末次興善は博多出身の豪商でキリシタンでもありました。政直もキリシタンでしたが、禁教になるといち早く棄教します。政直は商才に長け朱印船貿易で成功して代官となりました。このころから平蔵と称して、代々、茂貞、茂房、茂朝と襲名させていきます。平蔵政直には長崎奉行就任の野望があったそうですが、母親と兄弟がキリシタンだったため実現しなかったようです。

　末次家は貿易品の購入に斡旋、高利貸、国産物の取引と手を広げ、巨富をつかみます。

　政直の後を継いだのは茂貞でした。茂貞は父である末次平蔵政直の墓所を龍頭巌（城の古趾）に設置するため岩を開削します。そして、「雲證院殿」と刻んだところ鮮血が岩より噴き出し墓所設置を中止したという伝説があります。

　延宝4（1676）年、第4代末次平蔵茂朝の代では密貿易が発覚します。茂朝は隠岐に流罪となりお家断絶。没収された財産は60万石の大名以上といわれるほどでした。

　春徳寺境内には第2代末次平蔵茂貞とその妻、第3代末次平蔵茂房の前妻の墓所があります。

末次家墓所
写真、手前の墓碑は2代茂貞です。
　永安院殿通玄宗徹居士　正保4年9月12日
真ん中は茂貞の妻、
　瑞光院殿寿岩浄永大姉　寛文9年10月19日
写真奥の墓碑は3代茂房の前妻、
　香林院殿月桂永昌大姉　寛永3年5月2日

崎陽三画人の一人、鉄翁祖門

　長崎の南画を語る上で欠かせない人物のひとりが鉄翁です。鉄翁と南画のことについて、少しお話しします。

　鉄翁祖門（1791年-1871年）は銀屋町の日高勘左衛門の一子として生まれ、本名を日高祖門、号を鉄翁といいます。11歳で父と死別し、これを機に春徳寺に出家して、後年は春徳寺第14代住持となりました。若い頃より唐絵目利きの石崎融思から画を学び、さらに来舶清人の江稼圃に南画の指導を受けるなどして腕を上げ、当時、木下逸雲、三浦梧門を合わせて崎陽三画人（三筆）とよばれます。

　南画とは中国から入ってきた南宗画を略したものです。現在の南画とよばれるものは、江戸時代には唐絵や漢画と称されていました。いわゆる南画とは南宗画を描いた中国の文人画に憧れて、その後、さまざまな様式の中国絵画を日本人が学んで描いたものが、江戸中期ごろに南画としてよばれるようになった絵のことをいいます。

　鉄翁は四君子を得意としました。四君子とは、蘭、竹、菊、梅の4つの植物を高潔な君子に例えて描いたものです。中国で流行し発展しました。また、蘭は春、竹は夏、菊は秋、梅は冬と四季を表すものでもあります。

　鉄翁の描く蘭の画は今なお絶品と賞されています。墓所は春徳寺歴代墓所内にあります。

　ちなみに、晩年、鉄翁が隠棲した桜馬場の雲龍寺には、2基の芭蕉翁之塔、時雨塚、向井去来を師とした百華井宇鹿の顕彰碑、去来翁塔など5基が安政年間（1854～60）まで雲龍寺境内にありましたが、廃寺後一旦、蛍茶屋一ノ瀬橋付近に移り、明治14（1881）年の旧国道改修のため春徳寺に移設されました。

鉄翁墓所

鉄翁が描いた蘭（個人蔵）

桜馬場観音堂／雲龍寺跡

馬場郷 ①

長崎村の中枢を担った郷

　馬場郷は長崎村の中心地です。長崎甚左衛門の屋敷をはじめ森田庄屋敷が置かれたところで長崎村の中枢を担っていました。長崎氏の屋敷が建つ場所を館といいます。館は今の桜馬場中学校の場所にあたります。屋敷の門前が馬場と称され、軍用馬などが置かれていたものと考えられます。

　江戸時代は長崎村馬場郷、明治22（1889）年に市制町村制の施行により上長崎村馬場郷となり、明治31（1898）年には長崎市に編入して長崎市馬場郷とし、大正2（1913）年に桜馬場町、新中川町の一部となります。

　昭和56（1981）年、町界町名変更によって桜馬場1～2丁目、一部が鳴滝1～3丁目となります。区域には国道34号線が走り長崎市立桜馬場中学校があります。

　また、新大工町商店街に接しているところから商店や病院が多く立ち並ぶにぎやかな地域です。

中島高木家屋敷跡

　高木家は長崎代官高木作右衛門忠興の三男・高木道之助忠大の家系にあたり、道之助忠大は文化5（1808）年、砲術其外御備向御取扱を経て、文政2（1819）年に鉄砲方となった人物です。鉄砲方はその後も世襲され代々続きました。

　当時、屋敷の庭園は大変有名で超然楼ともよばれ広大な敷地を有していましたが、明治に入り長崎県師範学校の中島体操場となりました。

中島高木家屋敷跡

馬場郷周辺（「享和二年肥州長崎図」より）

川近くで一文銭が鋳られた

中島鋳銭所跡

　江戸（17世紀）初期、中国への輸出品は銅（棹銅）が中心で大坂堂島より海路で長崎に入っていました。しかし、相場の変動によるコストや輸送費がかさみ出したため、長崎で鋳造することになります。寛文元（1661）年、輸出用の和銭を鋳る銭座が長崎村馬場郷に置かれ、元豊通宝（一文銭）とよばれる銭が鋳られます。18世紀始めまで続き、その後、東浜町（現・銅座町）に移ります。現在、付近の広瀬宅には銭磨き石が残っており、前の中島川に架かる橋は中島鋳銭所にちなみ銭屋橋と命名されています。

銭屋橋／中島鋳銭所跡

孔子を祖とする儒教のお堂と学問所

中島聖堂跡

　正保4（1647）年、儒学者の向井元升は東上町（現・上町）に官学の聖堂をたてます。聖堂とは孔子を祀った儒教のお堂で儒学の学問所でもあり、立山付近に建ったので立山書院ともよばれます。万治元（1658）年、元升が京都に移り、寛文3（1663）年の大火で聖堂は途絶えてしまいます。延宝4（1676）年、長崎奉行は聖堂を再興し、元升の三子・元成に継がせ、明治維新まで向井家が世襲しました。正徳元（1711）年からは伊勢町の旧鋳銭所（中島銭座）に聖堂を移しますが、明治維新後、官学の地位を失うと聖堂は衰退。建物は解体され、大成殿と大学門が興福寺に移転保存されています。

中島聖堂跡

新しい時代を写真に残した

上野彦馬宅跡／上野撮影局跡

　上野彦馬（1838年-1904年）は、御用時計師・幸野俊之丞（後の上野俊之丞）の四男として銀屋町に生まれます。20歳前にオランダ通詞・名村八右衛門のもとで学び、安政5（1858）年には化学研究所である舎密試験所に入所し、さらに海軍伝習所でポンペに化学を学びます。その後、フランス人ロッシュから写真術の指導を受けてフランスから写真機を購入、江戸神田で萩藩主らを撮影します。文久2（1862）年に帰崎し、中島鋳銭所跡地に上野撮影局を開き、写真文化の発展の基礎を築いていきます。

上野彦馬宅跡

中島体操場跡

　中島体操場とは長崎県師範学校の運動場のことです。明治22（1889）年に桜馬場（現・桜馬場中学校）に移転した後、昭和の始めまで使われていました。昭和7（1932）年には中島体操場の場所に長崎教育会館が建てられ、昭和22（1947）年に連合軍（米国）によって原子爆弾障害調査委員会（A.B.C.C）が置かれます。昭和50（1975）年、放射線影響研究所（放影研）となりました。（のちに蛍茶屋へ移転）

上長崎村役場跡
【桜馬場公民館】

　長崎村は明治11（1878）年、南部と北部に分かれます。南部は下長崎村（高野平、小島、十善寺郷）、北部は上長崎村（残りの10郷）に分かれます。上長崎村の役場は、当初、春徳寺の中に置かれるなど転々とした後、この地に落ち着きました。明治22（1889）年に上長崎村の夫婦川郷が、大正9（1920）年に上長崎村全域が長崎市に合併したのち、役場は地区の公民館として利用されます。

上長崎村役場跡

馬場郷 ②

瓊浦女学校跡

　東淵山雲龍寺は明治維新後、廃寺になりますが、大正14（1925）年、跡地には元長崎県立長崎中学校校長の中村安太郎によって瓊浦高等女学校が設立されます。
　これは現在の瓊浦高等学校の前身にあたります。その後、瓊浦女学校には定時制や男子部（伊良林）が設けられ、昭和39（1964）年には瓊浦高校のすべてが現在の伊良林の地に移転しました。

瓊浦学園発祥の地石碑

270年間、代々庄屋役を務めた森田家

長崎村庄屋森田家屋敷跡【長崎市立桜馬場中学校】

　永禄12（1569）年、長崎甚左衛門が現在の春徳寺の場所にトードス・オス・サントス教会を建てた後、地域は南蛮寺門前町としてさらに発展します。長崎氏に仕えていた森田氏は、慶長10（1605）年、長崎甚左衛門が長崎を退去してからもこの地を離れず、慶長14（1609）年より明治12（1879）年まで、代々、長崎村13郷の庄屋役を務めました。

庄屋森田家入口跡、幅の広さから屋敷の大きさがうかがえる。

外国の船を警戒して砲術稽古

砲術稽古場跡

　トードス・オス・サントス教会の薬草園は、教会破却後、庄屋・森田家の畑地となります。寛政3（1791）年に砲術稽古場が設けられ、小銃、弾薬の訓練場となります。寛政9（1797）年には幕府の異国船漂着処分法の発令によって町年寄薬師寺久左衛門が砲術師範役として指導しました。

砲術稽古場跡

戦後まで数多くの卒業生を送り出した

長崎県尋常師範学校跡【長崎市立桜馬場中学校】

明治5(1872)年、明治政府は学制を頒布。
明治6(1873)年、第一番小学向明学校(のちの勝山小学校)内に教員伝習所(教員仮師範所)を設け、私塾の教員に教授法の指導を始めます。
明治7(1874)年、改めて小学教則講習所を設置。
明治8(1875)年、小学教則養成所と改称し、興善小学校(旧・新興善小学校)に移転。
明治9(1876)年、小学教師養成所を長崎公立師範学校と改称。
明治10(1877)年、旧・勝山小学校に再移転して公立崎陽師範学校と改称。
同年、新町(現・興善町:長崎腎病院)に新校舎を設け移転し、あわせて付属小学校も開校します。
明治11(1878)年、長崎県師範学校と改称。
明治19(1886)年、長崎県女子師範学校を吸収合併。のち長崎県尋常師範学校と改称。
明治22(1889)年、桜馬場(現・桜馬場中学校)に移転します。
大正12(1923)年～昭和8(1933)年まで大村に移転。跡地に女子師範学校が移転。
昭和9(1934)年、桜馬場に再移転。女子師範学校と交換。
昭和12(1937)年、西浦上(昭和町)に移転。
昭和18(1943)年、長崎師範学校男子部・女子部となります。
昭和24(1949)年、新学制の下、長崎大学が開学。長崎師範学校は大村に移転。
昭和26(1951)年、長崎師範学校最後の卒業生を送り出します。

長崎県尋常師範学校跡

長崎盲唖院跡／長崎県立盲学校跡

明治31(1898)年、長崎慈善会は鍼按教授所(興善町)を併合して同所に長崎盲唖院を設立します。ここには電話を発明したベルが来校して、講義をしたといわれています。明治33(1900)年、私立長崎盲唖学校、長崎盲唖学校などと改称します。明治41(1908)年、桜馬場町の砲術稽古場跡地に新校舎を建設して移転し、九州唯一の盲学校として盲教育に大きな役割を果します。

昭和4(1929)年、長崎県立盲学校となり、昭和9(1934)年、旧上野町(現・橋口町)に移転となります。

昭和20(1945)年、長与町に疎開し、さらに大村市に移転、昭和23(1948)年によやく橋口町に戻ります。

昭和50(1975)年、老朽化と手狭になったことから現在の長与町西時津郷に移りました。

長崎盲唖学校跡の碑

東亜同文書院仮校舎跡

東亜同文書院とは日本初の海外高等教育機関で、現在の愛知大学の前身にあたります。明治34（1901）年、中国・上海に設置されました。これは当時、貴族院議長であった近衞篤麿公が日中友好のために人材を育成する目的で開かれたものです。仮校舎は旧・森田家屋敷内に置かれていました。しかし、日本の敗戦によって上海の学校はすべて中国に接収、廃止されました。

長崎大学教育学部の前身

長崎県女子師範学校跡【長崎市立桜馬場中学校】

明治17（1884）年、公立崎陽師範学校附属小学校内に長崎県女子師範学校が開校します。明治19（1886）年、女子師範学校は男子師範学校と合併し、明治41（1908）年、改めて立山に長崎県女子師範学校が開校しました。

大正12（1923）年、男子師範学校が大村に移転したため女子師範学校がこの地に移転します。しかし昭和9（1934）年に男子と女子の師範学校の入れ替えが行なわれたため大村に移転となります。

昭和18（1943）年、西浦上に移転し、長崎師範学校男子部・女子部となります。これが後の長崎大学教育学部の前身です。

長崎大学教育学部附属小学校と幼稚園の前身

長崎県師範学校付属小学校及び幼稚園跡
【長崎市立桜馬場中学校】

明治9（1876）年、新町（現・興善町）に置かれた崎陽師範学校には付属小学校が併設され、西浜町（いりえ付近）に校舎を置きます。明治41（1908）年、立山に長崎県女子師範学校が開校した際、女子師範学校付属小学校及び幼稚園が開かれます。大正12（1923）年、女子師範学校の移転に伴い、付属小学校と幼稚園もこの地に移転。これまであった男子師範学校付属小学校と幼稚園と合併します。

昭和18（1943）年、西浦上に移転し、長崎師範学校男子部・女子部付属小学校となります。これが後の長崎大学教育学部付属小学校と幼稚園の前身です。

長崎県師範学校と女子師範学校石碑

　ここでは、私、山口広助の歴史の師である高田先生についてお話ししたいと思います。

桜馬場中学校校門横にそびえる2本の貝塚息吹

　桜馬場中学校の校門をくぐり玄関へと続く坂の途中に貝塚息吹という木が2本立っています。これは、私の歴史の師である高田泰雄先生（1914年–2007年）ゆかりの木で、先生が長崎県女子師範学校付属小学校を卒業した昭和2（1927）年3月6日（最初の地久節の日）に植樹したものです。

　この日、高田先生は同級生4人と当時の担任であった小曽根先生と一緒に梅屋敷から金比羅山の北側に登り、農家から2本の貝塚息吹をもらいました。そして浦上の方に下り、当時電車の終点だった「下の川」電停（現・浜口町付近）から電車に乗って「諏訪神社下」終点で下車、そして新大工町を貝塚息吹を担いで学校まで歩いたそうです。この2本が第19回卒業生記念樹となりました。今は大きく育っていますが、昭和2年の卒業生記念樹と知っている人はほとんどいません。

高田　泰雄

　長崎市築町の出身です。長崎を代表する豪商肥塚家に生まれました。父親は肥塚酒造の社長で諏訪神社の総代も務めた肥塚慶之助です。旧制長崎瓊浦中学校から明治大学へと進学しました。戦後、帰郷し、丸山町の料亭加寿美の養子となります。長崎史談会に参加し、郷土史を研究、長崎の史跡のすばらしさを多くの人に伝えました。また、長崎街道めぐりや正月の七高山めぐりを広めました。

貝塚息吹

馬場郷 ③

長崎県植物試験所跡
【くるみ幼稚園】

庄屋森田家頭取が戸町に移転したのを期に、明治10（1877）年、庄屋敷地の上手に長崎県植物試験所が置かれました。特別な植物の研究ではなく、白菜などの野菜を栽培し、農家に栽培方法などを指導することが目的で、城の古趾にかけて広大な畑を持っていました。

長崎県植物試験所跡

桜馬場地区の守り神

傳八稲荷神社

昔、伝八という者がいて、大変慈悲心が深く付近の住民はたびたび伝八の世話になっていました。伝八は熱心に稲荷神を信仰していたため、いつしか付近の住民はこの稲荷神を地区の守り神としてお祀りするようになりました。創建は延享年間（1744-47）です。神社には3体の稲荷神がおり、ひとつは旧森田庄屋内の稲荷神、もうひとつは付近の地主の木谷家に伝わる稲荷神、さらに由来の判らない稲荷神がお祀りされています。

傳八稲荷神社

傳八稲荷神社に合祀された歴史ある稲荷神社

森田庄屋稲荷

長崎村の庄屋・森田家の屋敷内には代々稲荷社がお祀りされていました。明治22（1889）年に敷地が長崎県師範学校となったころから稲荷社は取り壊されてしまいます。その後、師範学校では度々火事が起こり、不思議に思った学校長が付近の長老に相談に行きます。長老が敷地内の稲荷社の存在を教えると、校長はすぐに敷地を掘り返し稲荷社の符石を発見します。その稲荷社の御霊を傳八稲荷神社に合祀すると災害は起こらなくなったといいます。

禁教令後にはじまった寺院再興

真言宗大生山寶正院威福寺跡【桜馬場天満宮】

　江戸初期、佐賀の唐津から天満宮を信仰していた威福院高順が長崎に入ります。高順は寺院を創建する望みを持っていましたが、当時の長崎はキリシタン全盛期でした。慶長12 (1607) 年、高順は東中町の筋違い橋辺りの小屋に密かに天神像を安置し、慶長15 (1610) 年には八幡町に移ります。禁教令後、元和9 (1623) 年に第4代長崎奉行長谷川権六郎守直は馬場郷の場所を寄付し、再興が始まります。これが長崎における寺院再興の始まりとなります。

道中ご無事にと宴はつづく

惜別の宴／あと賑やかし／灘渡し

　出島オランダ商館長には、将軍に拝謁し舶来品を献上する江戸参府がありました。寛永10 (1633) 年から嘉永3 (1850) 年までの217年間に116回も行われています。長崎から江戸までの行程は約3ヵ月、50人程の行列で、長崎の町を出て小倉に向かい、海路で大坂へ、東海道を使って江戸に入りました。一行は出発の前日に威福寺で惜別の宴を受けます。早朝に一行を見送ると、あとの者はあと賑やかしといって道中安全の意を込めて宴を始めたといいます。一行が小倉から海路に入る際（出発から約1週間後）、今度は航海安全を祈って留守を預かる者がこの威福寺に再び集まり、灘渡しという宴を行ないました。

桜馬場地区の氏神さま

桜馬場天満宮

　大生山寶正院威福寺は明治維新を経て、桜馬場天満宮と改称されます。江戸時代にはオランダ船からの寄進がありましたが、明治時代以降は寄進がなくなり維持が困難となって社殿も老朽化が進みます。明治末期、再建計画を始め寄付を募り、大正2 (1913) 年に改築が行なわれました。改修の際、社殿格天井に48枚の絵を長崎画友会が奉納しています。現在は桜馬場地区の氏神さまとして大切にされています。

桜馬場天満宮

木谷稲荷と木谷橋

　明治期以降、桜馬場に木谷という熱心に地域活動を進めた大地主がいました。その後、木谷氏の先代がアメリカに移住した際、桜馬場がますます発展するようにと木谷氏の依頼を受けて、木谷家に伝わる稲荷神を傳八稲荷神社に合祀することになりました。このほか中川2丁目と新中川町とを結ぶ橋がありますが、これは木谷氏の功績で架けられたもので木谷橋と名づけられています。

木谷橋

長崎街道ここに始まるの碑

　この「長崎街道ここに始まるの碑」の立つ場所は当時の長崎の入口に位置し、江戸時代、交通の要所として栄えた場所でした。
　なお、「長崎街道ここに始まる」とありますが、実際、街道とは江戸を起点に整備されていたため厳密にいえばここは終点ということになります。

長崎街道ここに始まる石碑

中川郷 ①

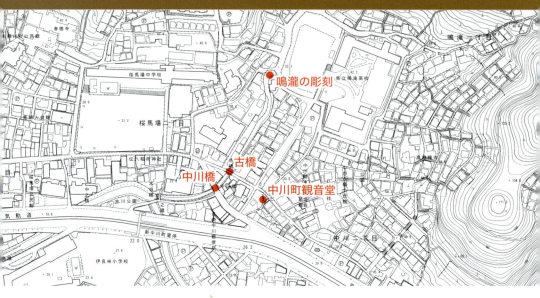

中島川をまたいで広がった地域

中川郷は、長崎村の中心の馬場郷に隣接し中島川をまたいで広がった地域ということもあり、その名がついた場所です。

中川を「なかごう」または「なかご」ともいい、地区にある中川橋を「なかごばし」ともいいます。江戸時代は長崎村中川郷、明治22 (1889) 年に市制町村制の施行により上長崎村中川郷となり、明治31 (1898) 年、長崎市に編入して長崎市中川郷となります。大正2 (1913) 年、中川町、鳴滝町の一部が桜馬場町となります。

昭和56 (1981) 年の町界町名変更によって中川1〜2丁目、鳴滝1〜3丁目となりました。

地域南部に国道34号線が走り、長崎県立鳴滝高等学校や同図書館があります。また、地域北部は標高400メートルを超える山地があり、七面山妙光寺やそのふもとに国指定史跡のシーボルト宅跡などがあります。

中川

中川はもともと大村氏の所領の長崎村に属し、長崎開港後の慶長10 (1605) 年、天領として長崎代官管轄の長崎村中川となります。

地名の由来は中島川とその支流である馬込川 (現・鳴川) に囲まれた中央部に位置するところから中川となったものと考えられ、長崎甚左衛門の末裔にはその中川を姓に持っている方もいます。

中川村 (「享和二年肥州長崎図」より)

亡き母のために架けられた橋

古橋

古橋は承応3（1654）年、貿易商で唐通事の林守壂によって架けられた石橋です。眼鏡橋の架橋後、わずか20年で石橋の布石に工夫が見られます。これが林氏の知恵なのか加工の技術なのかはわかりませんが大変貴重な構造となっています。林氏は崇福寺の大檀越で、この橋は亡き母の供養のために架けられました。市指定文化財です。当初、この橋は中渓（なかがわ）橋、中河橋、中川（なかごう）橋、中川（なかご）橋などとよばれていましたが、大正7（1918）年、下流に電車通りに抜ける道路と橋が造られたのを機に古橋と改称しました。

桜馬場古橋付近
（『長崎おもいで散歩-昭和30年代の街角』真木満より）

長崎奉行が命名

鳴瀧／鳴滝

鳴瀧地区はもともと平堰といい、烽火山を源に七面谷から中島川に流れ込む馬込川（現・鳴川）の流域に広がる地域を指します。また、平堰の「平」は崖、「堰」には堰（せき）の意味があるので、当時は山間に堰を設け田畑が広がっていたと考えられます。

馬込川は途中に小さな滝があり、延宝年間（1673-80）、第23代長崎奉行牛込忠左衛門勝登によって鳴瀧と命名され、この地を鳴瀧とよぶようになりました。

岩に刻まれた唐通事の書

鳴瀧の彫刻

県立鳴滝高校のグランドの下付近、暗渠の出口に当るところに鳴瀧の由来となった滝があります。その滝の岩肌に「鳴瀧」の文字が刻まれていますが、これは唐通事の林道栄の書を刻したものです（一説には皓台寺21世・黄泉ともいわれています）。

当時、鳴瀧と命名した長崎奉行牛込忠左衛門勝登は、この林道栄との親交も厚く、のちに林道栄は牛込忠左衛門より官梅の号を受けます。

鳴滝の石碑

中川橋

昭和9（1934）年に完成する国道（電車通）の完成に合わせ、桜馬場の通りから蛍茶屋に抜ける道路が造られます。それに先立ち、大正7（1918）年に新たな石橋・中川橋が架けられました。

これにより、それまで中川橋とよばれていた橋は古橋と改称します。大正時代の石橋として大変貴重な石橋です。以降、架橋はコンクリート橋に変わっていきます。市指定文化財。

中川橋

中川町観音堂

天和3（1683）年に中川村の住民が奉納したとされる地蔵菩薩像や観音菩薩像、弘法大師像などがあります。昭和6（1931）年の250年祭記念幔幕があるところから天和年間（1681-83）の創建とおもわれます。長崎街道沿いということもあり交通安全を祈願するお堂とも考えられます。平成25（2013）年、道路拡張のため移転新築しました。お堂から古橋までの坂をトロトロ坂とよび、以前までは古い石畳が敷かれていました。

中川町観音堂

中川郷 ②

唐通事、栄華の跡

彭城家別荘跡【長崎県立鳴滝高校】

　彭城家は林家、頴川家などと並ぶ唐通事の名家で、ここには彭城家別荘がありました。彭城家は中国福建省出身の劉一水を祖とする家で、2代目彭城仁左衛門宣義（1633年－1695年）は唐大通事として活躍、後に第13代長崎奉行牛込忠左衛門勝登より東閣の号を受けます。

　別荘地の庭園は一部現存しています。

彭城家別荘庭園跡

多芸多才な江戸時代のパイオニア

平賀源内假寓の地【長崎県立鳴滝高校】

　平賀源内（1728年－1779年）は江戸時代中期の本草学者で科学者です。宝暦2（1752）年に来崎し、一年間ほど蘭学を学んだ後、大坂で医学や本草学を学びます。その後、江戸に渡り、西洋の知識を持って様々な研究開発を行ないました。当時、あまりにも破天荒な振舞いに世間から変人扱いにされたのは有名です。平賀源内は来崎時、唐通事の彭城家にも出入りをし、この地を訪れたといいます。

織部灯篭【長崎県立鳴滝高校】

　県立鳴滝高校の庭園には織部灯篭が復元されています。もともとこの庭園は唐通事であった彭城家の別荘跡で、碑文にはこの彭城家の庭園内にあったものを復元したとあります。灯篭は陶製で十字架を意味するクルスが窓に使われています。

　平成13（2001）年、長崎県窯業技術センターほかの協力で旧制長崎県立長崎中学校の同窓会が建立しました。

織部灯篭

西高、東高の発祥の地

長崎県立長崎中学校跡【長崎県立鳴滝高校】

明治6 (1873) 年、公立小学校 (向明学校、啓蒙学校) が開校。
明治9 (1876) 年、小学生の卒業に伴い県立準中学校が外浦町に開校。しかし、すぐ中島聖堂内 (現・伊勢町) に移ります。
明治11 (1878) 年、長崎中学校と改称し、のちに県立長崎中学校へ。
明治17 (1884) 年、県内の他の中学校を廃止し、長崎県立中学校が設立。
明治19 (1886) 年、長崎県尋常中学校に改称。
明治32 (1899) 年、長崎県長崎中学校に改称。
明治34 (1901) 年、県立長崎中学校に改称。
明治41 (1908) 年、福富町 (現・幸町) に仮校舎を建て移転。立山の跡地に長崎県女子師範学校入る。
大正2 (1913) 年、中川郷 (現・鳴瀧高校) に新築移転。
昭和23 (1948) 年、学制改革で新制高校となり、県立長崎高等学校。のちに、明治35 (1902) 年開校の県立長崎高等女学校、大正11 (1922) 年開校の県立瓊浦中学校の3校を統合し、長崎東高、長崎西高の2校に統廃合。西山町に長崎県立長崎東高等学校、竹の久保町に長崎県立西高等学校が開校します。

出島ゆかり、シーボルトの名がついた

長崎県立女子短期大学跡【長崎県立鳴滝高校】

昭和23 (1948) 年、県立長崎中学校が廃し、昭和25 (1950) 年、県立女子短期大学が開校します。旧長崎中学校の校庭には寮と県の職員住宅が建てられました。昭和32 (1957) 年から昭和44 (1969) 年まで県立短期大学として一時男女共学になりますが再び女子短大となり、平成11 (1999) 年まで開学します。平成11 (1999) 年、長崎県立シーボルト大学に統合され、平成20 (2008) 年、県立大学と統合し県立大学シーボルト校に変わります。

学びの多様性をかなえた

長崎県立鳴滝高等学校

大正15 (1926) 年、県立瓊浦中学校内に長崎夜間中学校を開設。昭和8 (1933) 年、市立夜間中学校に改称し、昭和18 (1943) 年、新たに市立中学校を設置します。昭和23 (1948) 年、学制改革で金屋町に市立長崎高等学校が誕生。昭和40 (1965) 年、栄町の市立長崎幼稚園跡地に新校舎が完成して移転。昭和57 (1982) 年、市立長崎第二商業高等学校と統合し、市立長崎高等学校となります。平成12 (2000) 年、長崎県立女子短期大学跡地に県立鳴滝高等学校が開校し、市立長崎高等学校が移管されました。

ミルス坂

昭和10 (1935) 年頃、海星学園の英語教師ミルス先生が旧県立女子短大付属幼稚園のところに住んでいました。ミルス氏は地域の人々に大変親しまれていて、その人望の厚さが坂の名前になったのでしょう。

ミルス坂

県立鳴滝高校

中川郷 ③

シャム国王ゆかりの寺の釈迦如来像

赤地蔵尊【高林寺境内】

高林寺境内には江戸時代初期の承応3（1654）年に作られた長崎最古といわれる石像の地蔵尊があります。地蔵尊はいつも赤く塗られているため赤地蔵ともよばれています。もともと地蔵信仰とは子どもを守る信仰ともいわれ、各地多くの地蔵さんを見ると赤の前掛け（よだれかけ）をつけています。これは子ども、つまり赤ん坊から来ていて赤に塗ることで魔除けになるといわれています。

このほか願を掛けるときは赤の前掛け、成就すると白の前掛けに変えるとも聞きます。

赤地蔵大菩薩

曹洞宗徳光山高林寺

高林寺は正保3（1646）年、晧台寺一庭が禅僧天宗融察とオランダ通詞の名村、猪俣両氏の援助を受け炉粕町に創建します。一方、上長崎村中川郷に知足庵（当初は栖雲庵）という晧台寺の末庵があり、明治40（1907）年に池田新吉が、シャム国王（タイ国）勅願寺サケート寺に安置してあった釈迦如来の銅像をもらい受け、軍艦で長崎に運び、ここに安置します。しかし由緒ある仏像を末庵に納めることに市内寺院から反対が起こり協議会が開かれました。当時、移転を検討していた高林寺が手を挙げ、明治42（1909）年に知足庵と合併し、この地に高林寺を移し現在に至ります。

高林寺の釈迦如来像

風流人が四季を愛でた

梅花泉

　文化文政年間に長崎の名所を綴った『長崎名勝圖繪』には梅花泉が記されています。「鳴滝にあり。地下より湧出で、味は甘冷。傍に一株の梅樹があり、春は花を水に浮かべ、夏は葉が繁って泉を掩（おお）う、故に名を得たり」。戦国時代、矢上の軍勢が桜馬場の長崎氏を攻め込むのですが失敗し撤退します。その際、梅花泉で喉を潤したといわれ、多くの負傷者がここで倒れたと伝わります。付近に地蔵尊がお祀りされていますが、これは当時の住民が供養のためにお祀りしたものといわれています。

賞金の代わりとなった石

琴石

　3メートル程の大きさの石で横に長くスジが入り琴の形をしているのでこの名がついたようです。明治の漢学者・西道仙が大変重宝した石で、後に西道仙は自らの号を賜琴石斎（ししゃくせきさい）と表わします。西道仙は明治維新の際、西洋医学を取り入れた医療体制を整備（薬剤・医師開業の検査法創設）することや国民が苗字を公称する義務（平民苗字必称令）を政府に進言します。これにより九州鎮撫総監・澤宣嘉から賞金を与えられるのですが辞退し、琴石を賞金の代わりに受け取ったといいます。

長く刻まれたスジが琴のようにみえる琴石

西洋医学の学び舎は多くの人材を輩出した

シーボルト宅跡／鳴瀧塾跡

　シーボルト（1796年–1866年）は、ドイツ出身で、のちにオランダ海軍軍医となり日本へ派遣されます。シーボルトには貿易不振の解消と日本文化の調査が命じられました。文政6（1823）年、出島オランダ商館医として来崎。出島以外での教育や診療が許され、文政7（1824）年には鳴瀧塾を開設して多くの門人を輩出します。文政11（1828）年、国外持出禁止の品が見つかり（シーボルト事件）、翌年、国外追放となりました。帰国後の鳴瀧塾にはシーボルトの娘イネが住んでいましたが、明治27（1894）年に老朽化のため解体。当時使用された井戸などが現存しています。国指定史跡。

シーボルト宅跡

トンネル地蔵
【鳴滝西部公民館下】

　明治37（1904）年完成の本河内低部水源地から西山水源地に延びる水道トンネルは、一旦、鳴滝で地上に現れますが、このトンネル建設に際し鳴滝では不思議な出来事が起こりました。

　当時、付近に民家はなく道路脇にお地蔵さまが祀られているだけでした。トンネルの工事中、お地蔵さまは工事で発生した土砂の山に埋ってしまい参詣が出来なくなります。そこで中川町の老婆が家の近くのお堂に運びだしてお世話をするのですが、しばらくしてトンネルの工事現場では幽霊騒ぎが起こり、工事はストップします。

　その騒ぎを聞きつけた老婆は工事の関係者らと幽霊を見張ることになり、すぐに白装束の幽霊を目撃します。その夜、老婆の夢枕に白装束のお地蔵さまが現れ「元の所に帰して欲しい」と告げます。老婆はすぐにお地蔵さんを元の場所に戻したところ、幽霊騒ぎはなくなり、さらに工事は無事に完成することが出来たといいます。

　幽霊騒ぎはお地蔵さまのお姿ということで、それからこのお地蔵さまをトンネル地蔵とよぶようになりました。

トンネル地蔵

中川郷 ④

お告げの通りに畑を掘ると…

日蓮宗七面山妙光寺

　現在、七面山妙光寺は、山手のお堂は神社形態で、本殿は寺院形態というように典型的な神仏習合（混淆）の形となっています。もともとは七面大明神をお祀りする社寺でしたので長崎では単に七面山とよんでいます。

　その昔、本大工町で酒屋を営んでいた草野宗受という者が隠居を送るため烽火山の麓に移り住み農業を始めますが、付近には猪狸が多く畑地を荒らしては農民達を苦しめていました。ある日、宗受の夢に僧が現れ、三枚目の畑を掘ると大岩が現れるのでそこに七面大明神を祀るようにとお告げあり、翌日、言われた通りに畑を掘り、岩の上に七面大明神をお祀りすると五穀豊穣になったと伝えられています。これが元禄9（1696）年、七面権現社の創建といわれています。

　その後、明治40（1907）年に日蓮宗本山・身延山久遠寺の許可で千葉県香取郡島から妙光寺が移転し、これが妙光寺の開基となります。

日蓮宗七面山妙光寺

七面山の石垣
【七面山妙光寺】

　七面山境内にある記念碑によると、文政9（1826）年に小岩井正甫ら他の者が石垣を築造したとあります。施主に二宮敬作などシーボルトの門下の名前が見られ、さらに世話人に美馬順三の名も見ることができます。記念碑については長崎市史（地誌編）にも詳しく書かれています。美馬順三は遊女其扇（そのぎ）をシーボルトの妻にあてた人物とも記述され、シーボルトをはじめとする門下の者はたびたびこの七面山に訪れたと考えられます。

石垣を築造した小岩井正甫の名

姫たちの悲しい歴史

瑠璃姫と獅子狛明神

昔、焼山に長崎甚左衛門が、敵対する深堀勢に攻め込まれて城が焼かれたことがありました。甚左衛門の娘の瑠璃姫と乳母が逃げる途中、山中で偶然、姉のえんじょう姫と出会います。喜びもつかの間、敵が押し寄せて来たため、瑠璃姫たちはその場で自害し

瑠璃姫の最期を語る獅子狛

たといわれています。その場所が現在、明神さまがお祀りしてあるところといわれ、のちに血痕のあった石に唐僧が一対の狛犬を刻み、それが獅子狛と伝わっています。

異国船入港を知らせた山

烽火山のかま跡／烽火山詩碑

烽火山はもともと斧山という名でした。島原の乱後の寛永15(1638)年、老中松平信綱が長崎巡視の際、長崎奉行に命じて烽火番所を置いた場所になります。

昼間は煙、夜間は火をあげて使用していました。山頂には今もかま跡(のろし台)が残っています。また、ここには烽火山詩碑もあり、大田直次郎(蜀山人)がこの山に登頂して作った詩が刻まれています。文化2(1805)年に建立されました。「滄海春雲」詩碑「西連五島東天艸　烽火山頭極目看」

今も残るのろし台

烽火山詩碑

七面山詩碑

七面山詩碑は、文化元(1804)年に長崎奉行所勘定方として着任した大田直次郎〈蜀山人／南畝／覃・(1749年-1823年)〉が七面山に参詣した際作った詩で、文政9(1826)年、宇野霞峯によって建てられました。詩碑は豊臣秀吉の命で朝鮮出兵した加藤清正公の功績を称えた内容で、七言絶句で表わされています。

「披榛蹂嶺踏烟雲　七面山高海色分　一自征韓傳奏捷　至今猶奉鬼将軍　太田覃」

七面山詩碑

法界塔

由来碑には、「天正(1573-92)の昔、長崎の地が切支丹領であったころ、●囲(モウイ)の反切支丹の人達が、この地にあった長崎氏の居城に再三にわたり攻め込み、多くの犠牲者があったという。その人々の慰霊のために、中川郷の村人が法界塔を建立したものである」とあります。

碑は平成12(2000)年、片淵町の浦川大二郎氏によって建立されています。

●判読不明

法界塔

中川郷 ⑤

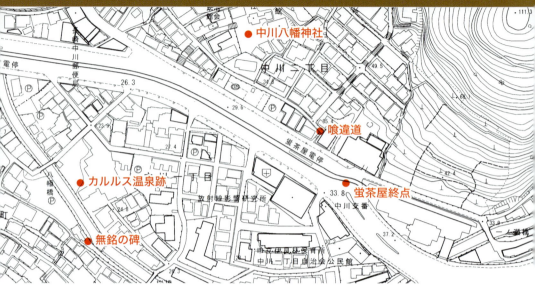

喰違道

旧長崎街道は新大工町から桜馬場を通り古橋を渡ると八幡神社参道を交差します。さらに進むと道は直角に折れる形になって、そのあと一ノ瀬橋に向かいます。直角の場所は当時、"Z"の文字のようになっていて上段から下段に下る場所になっていました。この"Z"の字に似たかたちの道を食違道または筋違道とよびました。

享和2（1802）年の地図にも「クイチガイ」と表示されています。

直角に折れる喰違道

中川地区の氏神様

中川八幡神社

正保3（1646）年、来崎中であった豊後府内（現・大分市）の城主・日根野織部正吉明は、自藩内にある柞原八幡宮（現・大分市）を長崎にもお祀りしようと適地を探しますが見つからず、そこで日根野氏と関わりがあった晧台寺開山・一庭融頓から賛同を得て、晧台寺の旧敷地だった岩原村笠頭山（現・筑後町付近）の地を譲り受けて八幡宮を開きます。

寛政元（1789）年になり隣地の聖福寺から敷地拡張の申し出があったため、適地を探し現在地に移転します。

明治以降は中川の氏神様としてお祀りされ、大祭には奉納相撲などが盛んに行なわれました。祭神は応神天皇、神功皇后、武内宿禰で、境内の花崗岩の玉垣は大正14（1925）年に建立されたものです。

中川八幡神社

清らかな自然を背景に絢爛豪華な菊アート

中川菊人形跡

　昭和の初期頃から第2次大戦前まで、中川には菊人形の展示場があって市民に親しまれていたといいます。当時、中川付近は長崎の別荘地で中島川の静かな流れと彦山の風光明媚な場所でした。中川菊人形はテーマパークのようなもので大変な賑わいでした。長崎には次のような歌があります。
　「長崎名所 三菱ドックに お諏訪の月見 花はカルルス 中川菊人形 夜は丸山 寺もないのに大徳寺」

心身ともにリラックス

カルルス温泉跡／カルルスの桜

　明治20（1887）年、当時の県令（知事）日下義雄は伊良林から日見にかけて数千本の桜を植樹し、沿道を整備します。明治33（1900）年、安田伊太郎と上長崎村の有志が伊良林付近（一ノ瀬渓流）に浴場を設け、チェコスロバキアのカールス・

中川ノ桜（『華の長崎』ブライアン・バークガフニ編著より）

バードの湯の花を水に溶かしてカルルス温泉とし、料亭皆花園を営業して、市民の憩いの場となります。人々は中川カルルスとよび長崎名所となりました。現在、料亭橋本庭園内にある桜はカルルス時代の桜といわれています。

カルルスの忘れられた約束

無銘の碑

　近年の調査で孫文の同士・柏文蔚の顕彰碑と判明しました。柏文蔚（1876年−1947年）は中国国民党の幹部でした。辛亥革命によって清朝が倒れ、大正元（1912）年に中華民国が成立すると孫文が臨時大総統に就任、すぐに袁世凱にその地位を譲ります。しかし、袁世凱の独裁的な政治に柏文蔚は孫文などと共に抵抗しますが失敗し、大正2（1913）年、日本に亡命します。柏文蔚は長崎滞在中、料亭カルルスによく出入りし、大正3（1914）年に料亭の主人・安田伊太郎がこの碑を建立し、柏文蔚が大人物になったら碑に名を刻すと約束をしたと伝わります。しかし、第2次大戦で料亭は廃業。碑は中島川沿いに残り、昭和57（1982）年、長崎水害後の河川改修で現在地に移されました。

無銘のまま川べりに立つ碑

長崎電気軌道蛍茶屋終点

　昭和9（1934）年、九州最大の道路である23メートル道路（幅員）が完成します。この時、蛍茶屋まで電車の軌道も延伸し蛍茶屋線が完成します。路線上には新大工町、新中川町の2つの電停も合わせて造られました。
　昭和50年〜60年（1975-85ごろ）に入り、電車の東長崎延伸や高規格路線の提言などが発表されましたが、実現には及ばず現在に至っています。

蛍茶屋終点

カールス・バード

　14世紀カルルス四世の時代から知られた王の名に因んで名付けられた温泉地です。プラーグの北西110キロメートル、海抜350メートル、アルカリ塩類泉で多量のラジウムを含んでいます。湯花を輸出しています。

ヒロスケ対談 3本勝負

其の2　藤岡英嗣さん

カメラ担いでこの坂あの坂 名の付く坂はすべて制覇

―― ヒロスケ対談、次のゲストスピーカーは長崎ケーブルメディアのカメラマン、藤岡英嗣さんです。

ヒロスケ・藤岡さんは、私の番組で撮影してくれるし、ご自身でも「この坂のぼれば」という人気番組も作っており、長崎中の坂や山道を撮りまくっている稀有な存在です。

藤岡英嗣さん（以下、藤岡）・どうも、お招きいただき光栄です。いつもは注文つける側なので、逆に「にっこり笑って！」とカメラを向けられると、顔がこわばってしまいます（笑）。

ヒロスケ・藤岡さんは、長崎の人なんでしょ？

藤岡・いや、実は僕は諫早出身です。大学が長崎大学教育学部で、長崎に興味を持ち始めたのは、そのころからです。

ヒロスケ・へぇ、付き合いは長いのに知らなかった！「長崎ぶらぶら好き（略して「ぶら好き」）」の番組のころから、私のあとを重いカメラ持って追いかけながら撮影してくれていました。

藤岡・スタディカムというカメラですが、大きくて重いんですよ。「ぶら好き」は終了し、現在はヒロスケさんと河内隆太郎さんによる「ヒロスケの長崎歴史さんぽ」がスタートしましたが、評判いいですよ。

ヒロスケ・藤岡さんが撮影もディレクターも務めている「この坂のぼれば」、あれも長いよね。

藤岡・はい、2007年からで11年目です。最初は情報番組の1コーナーで2，3分の枠だったのですが、今は月1本28分です。きっかけは「そもそも長崎にはいくつ坂道があるんだろう」という軽い気持ちから始まりました。11年間で、どんどん坂にプール坂、ヘイフリ坂など長崎の名前のついている坂は全部行きました。同じ坂でも季節が違えば景色も違い、出会う人もさまざまです。

ヒロスケ・一番最初はどこに？

藤岡・東山手の急な方のオランダ坂です。始めは坂の傾斜を表すのに、ボールを転がしたりしましたね。通常、後でナレーションを入れるので、カメラマンの声は入れません。ある時、先輩カメラマンから「お前、きつかとやっけん、坂のぼって、はぁはぁ言うとば、そのまま出せ。その方が観ている人が一緒に上っている気持ちになるから」といわれました。それからは、私の声もそのまま流して、だんだん反響が来るようになりました。

ヒロスケ・今やそれがこの番組の持ち味だからね。一番最近行ったのは？

■プロフィール
諫早市出身。長崎大学大学院教育学研究科修了。平成14年株式会社長崎ケーブルメディアに入社。平成19年より「この坂のぼれば」撮影開始。番組は現在進行中。趣味やランニングと山歩き。

藤岡・この前、職場体験で参加した中学生たちと暑い中、伊良林、若宮稲荷を通って風頭公園まで。でも、真夏は人が歩いてないので辛いんですよ。早朝はウォーキングや犬の散歩している人がいるんですが。やはり人との会話を大切にしたいので、人に出会うために時間は工夫しています。

ヒロスケ・あちこち行ってみて、エリアの特徴というか、空気感の違いのようなものはありますか？

藤岡・それはありますね。稲佐や水ノ浦あたりだと、「うちに寄って行かんね」とか、「暑かろう」とジュースを自動販買機で買ってくれた方もいました。

ヒロスケ・うはははは、そりゃ、すごかね。

藤岡・東山手や南山手の旧外国人居留地の界隈も、観光客慣れしているからか、情報を出してくれます。逆に、一歩踏み込むと「ああ、うちはよかよか、よそに行かんね」と引かれてしまう地域もあります。距離感を測りながら取材するようにしています。

ヒロスケ・へぇ、それは興味深いね。

藤岡・天神町の上から下ってきたおじさんに教えてもらったのが、この地域の人が上りだけの片道バス定期券を持っているということ。つまり、家から出るときは歩いて下り、帰りの上りだけバスで上の道に上がるから片道だけでいい。調べてみたら本当にありました。

ヒロスケ・長崎県営バスの浜平路線だっけ。坂のまちの独特のシステムですよね。

藤岡・長く続けていてわかったのですが、長崎はけっこう山の上まで石畳があるんですね。金比羅山の参道や桜馬場の春徳寺あたり、小島地区など。本当に下から上まで石畳の街なんだなぁと、つくづく思います。

ヒロスケ・それって……すごかとかな。

藤岡・だって山の上までどうやって石を運んだんだろう、と。

ヒロスケ・そうね。言われてみると普通はコンクリートだもんね。コンクリートって砂とセメントさえ運んで行けば現地で固めるからラクだし、どんな形にもなるでしょう。でも石は固くて重いものをそこまで運んで加工しないといけないから手間がかかる。そうか、確かに長崎は江戸時代から石畳が敷かれてきました。石も採掘され、財力があるから山の上まで運んでいたんでしょうね。金比羅山も、頂上までずっと石畳だから、山登り感がない。

藤岡・参道ですよね、つまり。

ヒロスケ・そう、金比羅山、彦山、愛宕山、みんな信仰の山ですよ。つまり信者が信仰の証として寄進をして道をきれいにする。奉仕の気持ちがあるのでしょう。歩きやすければ、お参りもさらに増える。そう考えると、長崎ってすごい。秋葉山、妙相寺もそう。

藤岡・妙相寺ですね、あそこは熊野古道みたいな神聖な雰囲気があって僕は好きな道です。

ヒロスケ・豊かさを背景に、石の文化が発達してきた都市なんですね。

—— そうすると、例えば今、世界遺産で脚光を浴びている潜伏キリシタンの集落には、信徒自らいっしょに作りあげてきた教会などがありますが、そもそも古来から、日本人は信仰の対象にお金も心も捧げてきたということ？

ヒロスケ・私はそう思いますね。それこそ平安

時代の昔から、お寺も神社も、信者たちの寄進が盛んで、ある意味ステイタスでもあったんでしょう。だからキリスト教でも同じようにしたのではないですかね。

藤岡・ちなみに山の上まで石畳や古い坂段があるのは、長崎村エリアが圧倒的に多くて、それ以外のところは、コンクリートで固めた道です。そこにも地域の特性が見てとれます。

ヒロスケ・なるほど、さすがに長崎の坂道を総なめにした人の洞察力は鋭いなぁ。

"といめん" から見るくんち
長崎村の絶妙な立ち位置

藤岡・長崎村の中では、西山や片淵あたりはお屋敷街で静かに暮らすイメージがあります。昔の長崎のお金持ちでゆったりした暮らしぶりは、もしかしたらこんな感じだったのかなと。

ヒロスケ・それは面白い指摘。心田庵もあるし、長崎の名家のお屋敷も多いですよ。昔の長崎の空気を味わいたかったら、西山、片淵に行くべし、と。そのハシリは中川あたりで、桜の名所カルルスと呼ばれて保養所や別荘地として発展しました。

藤岡・そういえば竹ン芸の取材で中川を歩いていたら、出会ったおばちゃんが「竹ン芸の時に若宮稲荷の境内に美味しいうどん屋さんが出るから行ってみなさい」と教えてくれ、当日行ってみたら、作っていたのはご本人だった（笑）。竹ン芸の奉納の時だけの限定でお稲荷さんときつねうどんを作って売っているんですよ。「年に１度の楽しみさー」と。

ヒロスケ・へぇ、今度行ってみよう。

藤岡・その竹ン芸の稽古も取材したんですが、ちょうど諏訪神社の長崎くんちの奉納踊りの真最中で、若宮稲荷からよく見えるんですよ、盛り上がっている様子が。あれは、なんとも不思議な光景でした。

ヒロスケ・ほぉ！　そうか、まさに、まっぽしといめん（真正面）、確かに高さも同じくらい。なるほど。伊良林郷は、くんちを見るというより、くんちの賑わいを見ているんだ。向こうのお祭りだからね。まちの人間とは違うポリシーで客観的に長崎のまちの風物詩を見てきたということ。長崎村とまちなかの関係性を象徴していますね。昔の食糧事情などを調べてみても、長崎のまちなかで消費される野菜類はみんな長崎村が供給してきた。だから「俺たちがお前たちの口をまかなっている」というプライドがある。逆に長崎人も長崎村の悪口は言わない。長崎村はくんちの神輿守町だから、踊町と同じ共同体なんですね。

今も昔も長崎村は
インスタ映えの聖地

ヒロスケ・昔の長崎の絵は、出島を中心に据えるなら立山や金比羅山から。川原慶賀は彦山から港を俯瞰した絵を残しています。最近はSNSのインスタグラムでウケそうな写真を「インスタ映え」と言うけれど、長崎村からの眺めって、インスタ映えするビューポイントが多いんじゃないかな。

藤岡・確かに。僕が地形で一番好きなのは弥生町のララコープ愛宕店の先の新道で、愛宕山と港と斜面地が広がるポイント。あと、鍋冠山の手前の八景町のあたりからは港に停泊するクルーズ船の舳先が、まるで高層ビルが突き刺さっているように見える場所があります。

ヒロスケ・そういう意外なビューポイントの写真集を作ったら面白いかも。

―― では長崎文献社で企画しましょう(笑)

藤岡・僕は現場で撮影していて、俯瞰できる全体画像を撮る時は、展望台よりも墓地を探します。墓地の中で一番見通しのいい場所に立つと、だいたい当たります。

ヒロスケ・そうねぇ、お墓は一番いい場所にあるもんね。そもそも、高度成長期に入るころ、一戸建てブームが起きて、とにかく家を建てなくちゃ一人前じゃないみたいなムードがあって。平地が少ないから当然斜面地に目を付けますよね。「道はなくても家を建てる」というくらい。長崎村の各郷も車道が整備される前から住宅地として開発されていった歴史があります。小島や白木、そして立山。家を建てて満足したら、今度は墓を建てる、と。

藤岡・番組を通して斜面地にお住まいの方の声をたくさん拾ってきましたが、みなさん一様に「どんなに不便でも、この眺めからは離れられん。たぶん死ぬまでここにおる」と。

ヒロスケ・これだけ長く坂の町を記録していると風景の変化にも気づくでしょう?

藤岡・斜面地に新しい車道がずいぶんできました。そういえば、ピントコ坂をのぼった先のお宅に、ふと見ると貼紙がしてある。「菊の花が咲きました、ご自由にどうぞ」って。思い切って入ってみたら、縁側にお年寄りのご夫婦が2人座って「あら、いらっしゃーい」(笑)。「庭で育てている花が今年はきれいに咲いたから、みなさんに見てもらいたくて貼り紙したんだよ」と。けっこう暑かったので、濡れタオルまでくれました。10年間でそこまでの経験は1回だけですね。あのあたりも新しい車道ができました。

ヒロスケ・そこはきっと小島郷だ。粋だねぇ。最後に、藤岡さんとしては、これからどういう番組作りをしていくの?

藤岡・そうですね。以前お話を伺った方をもう一度訪ねてみたいですね。街も変化しています。その中で今、どんな暮らしぶりなのか、気持ちは変わらないのか、聞いてみたいですね。

ヒロスケ・それもぜひ実現してほしいですね。今41歳だっけ。若い世代の感性で斜面地の生活が切り取られる稀有な番組を、これからも見せてください。

愛宕山の眺めが一番好きです

おぬしも通よのぅ…

本河内郷 ①

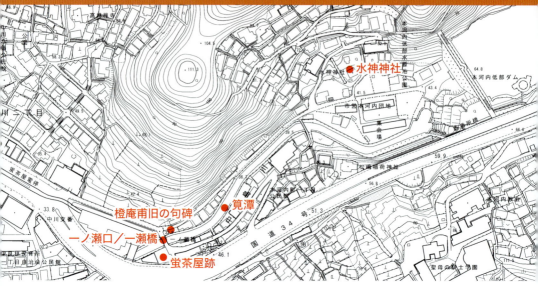

長崎街道の走る要所は谷あいが広がる

　本河内郷は長崎村の東側です。中島川の本流があり、日見峠や奥山付近が源流です。その流れを中心に広がる地域が本河内で、コウチとは谷あいの広がった地域を意味します。江戸時代は長崎村本河内郷、明治22 (1889) 年に市制町村制の施行により上長崎村本河内郷、大正9 (1920) 年には長崎市に編入し長崎市本河内郷、大正12 (1923) 年から本河内町になります。平成15 (2003) 年から本河内1〜3丁目とわかれました。地域には国道34号線が走り、長崎市の水がめである本河内高部水源地や低部水源地があり、国道に沿って住宅などが並びますが大半は山林です。

江戸時代は長崎の玄関口

一の瀬口

　一瀬橋の前後約32メートルの範囲は長崎市の史跡に指定されています。江戸期は長崎街道の玄関口として栄え、石碑や石仏が多数存在しています。一ノ瀬という地名は現在、使用されていませんが、瀬とは波打ち際の意味で一ノ瀬という言葉からは最初の浅瀬とイメージができます。昔はここまで潮が入ってきていたものと考えられています。

一の瀬口

一瀬橋
いちのせ

　一瀬橋は、承応2 (1653) 年に架橋されました。もともと親柱は擬宝珠型でしたが、明治15 (1882) 年の日見新道開通の際、角柱に変わり「ICHINOSEBASI」とローマ字が付記され和英併記の橋名となります。一瀬橋は鎖国が解かれるまでの間、長崎にもたらされた異国文化を日本中へ広めた人々を文字通り橋渡しした橋で、江戸の日本橋、京の四条大橋と並ぶ重要な橋でした。

ローマ字表記の一瀬橋

蛍茶屋跡

　文化文政時代 (1804〜30) に甲斐田市左衛門によって茶屋 (=料亭旅館的なもの) が始められ、また蛍の名所でもあったので蛍茶屋とよぶようになりました。当時、長崎の人はお見送りといえばこの蛍茶屋までで、この蛍茶屋で惜別の宴を催し、別れを惜しんだといいます。

唐人らも崇敬した航海の神

水神神社

水神神社

　寛永年間（1624-1643）に、第30代敏達天皇の孫で栗隈王を祖とする橘氏の末裔の渋江公師が、長崎入りして出来大工町に屋敷を構え、承応元（1652）年、邸内に水神をお祀りしたことに始まります。明暦（1655ごろ）時代に社殿を炉粕町（動物広場下付近）に移転しますが、当時、河童の被害に悩まされる者が多く、渋江氏がその被害を食い止めたといわれています。また、唐人からも航海の神として熱心な参拝を受けます。元文4（1739）年には中島川上流の八幡町（銭屋橋付近）に移転し社殿を構えますが、大正9（1920）年の市街地の拡大でさらに上流の現在地、本河内1丁目に移転しました。一の鳥居は諏訪神社から移設したものといわれています。

江戸時代は雨乞いの石

川立神【水神神社境内】

かっぱ岩
*P97参照

　水神神社には川立神とよばれる大きな石があります。*河太郎饗応以降、神職が神殿にお供えしたい物を紙に書いて石に載せると、次の日、河童によってその品物が石に載せられるようになったといいます。このことから石を河童石とか形からどんく石（＝長崎弁でカエル）とよびます。また、江戸時代、日照りが続くと水神神社で雨乞いが行なわれていましたが、この石の苔の生え具合で雨を占ったともいわれています。

長崎のライフライン

水道トンネル【水神神社境内】

水道トンネル
入口と玉聲の額

　明治24（1891）年、日本初の近代水道用ダム・本河内高部水源地が完成します。しかし、人口増加に伴い明治37（1904）年、新たに本河内低部水源地と西山高部水源地が造られます。この時、本河内低部水源地には浄水場敷地がなかったため、西山高部水源地と兼用の浄水場（西山低部水源地）を使用することになり本河内から西山までの水道トンネルが造られました。トンネル入口が水神神社境内にあります。入口の額には伊東巳代治によって「玉聲」と刻されました。当時、トンネルは子どもたちの肝試しの場所になっていたそうです。

橙庵甫旧の句碑

　一ノ瀬橋の手前、水神神社にむかう角に文字の消えかけた句碑が建っています。これは万延元（1860）年に建てられた橙庵甫旧の句碑です。碑文は「鳥どもに　やがて踏るる　案山子かな　甫旧」と草書体で刻まれています。以前まで付近に倒れたままでしたが、現在は道路脇にあります。

橙庵陶旧の句碑

筧潭（淵）

　中島川上流、一ノ瀬橋から水神神社にかけてを、筧潭（とぎふち）（淵）、または常盤潭、音羽潭（おとわがふち）といいます。いい伝えによると遊女の常盤または音羽が身投げしたところといわれ、俗にこの付近を傾城川（渓）ともいいます。今でもこの付近は川幅が狭く山が迫っていますが、当時は水色深碧で、潭をのぞくと暗く底の知れないようなところだったといいます。なお、遊女の音羽とは初めてくんち奉納踊りをした音羽ではないようです。

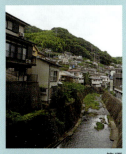
筧潭

本河内郷 ②

囲碁の魅力を長崎に
【南京房義圓墓所】

南京房義圓（?–1764年）は中国から渡来した棋士で、長崎に囲碁を広めた人物です。この墓石の特徴は僧侶墓などの形態である卵形をしていて、塔と蓮華座の下の基礎石が碁盤の形状をし、以前までは碁笥（碁石入れ）の形をした花立てが置かれていました。

文化元（1804）年に長崎奉行所勘定方として着任した狂歌人・大田南畝が作った狂歌は有名です。

「この墓は南京房か珍房かごけ*引きよせてごばん下じき　蜀山人」

「これやこの南京房か珍宝かごけ*引き寄せてごけにするとは」（*碁笥と後家をかけています）

南京房義園墓所

切なる願いは町内安全

馬町地蔵堂跡【馬町所有地】

馬町地蔵堂は別名を一ノ瀬地蔵堂ともいいます。石の屋根と柱のみのお堂で、承応2（1653）年、馬町の住民27人が町内安全のため本尊・延命地蔵菩薩を馬町に建立し、元禄2（1689）年にこの地へ移転したと考えられています。台座には創建もしくは移転100年を記念し、天明9（1789）年に100回忌法要を行ったことが刻され、さらに、享和元（1801）年には北馬町、南馬町両町の寄付により新築再建されています。ここには延命地蔵菩薩、六地蔵、観世音菩薩ほか一字一石塔、六十六部塔、三界萬霊塔などが置かれていましたが、平成元（1989）年の国道34号線拡張工事によって解体され、石像などの塔は渡り鳥塚と同じ場所に移設され、お堂の再建はなされませんでした。

巨匠らの句を仰ぎ見る

渡り鳥塚【馬町所有地】

文化10（1813）年6月、馬町に住む平田祥禾ら松尾芭蕉の門人たちが建立したものです。芭蕉没後119年後（120回忌）と蕉門十哲の向井去来没後109年後（110回忌）に建てられました。

馬町地蔵堂　　渡り鳥塚

延命地蔵大菩薩像【青銅塔敷地内】

延命地蔵大菩薩像【青銅塔敷地内】

延命地蔵大菩薩像

享保6（1721）年閏7月28日に洪水が発生して長崎は大災害となりました。多くの犠牲者の供養のため*青銅塔が建てられました。青銅塔入口に一体の石仏・延命地蔵菩薩があります。これは青銅塔が建立された享保6（1721）年の大水害から数えて、100年目の文政5（1822）年、大水害百回忌供養を記念して今紺屋町の住民が建てたものです。このときの供養は安禅寺の念仏講が世話人となって、和州（現・奈良県）多武峯の僧・覚道が発願主となり、願主は備前岡山の僧・正因らの手で行われました。幕府の後ろ盾のある安禅寺が中心となって供養を行ったということは、当時の自然災害の恐ろしさを物語るものでもあります。　*游学シリーズ12
P67 八百屋お七と紺屋町参照

横綱無念の死を悼む

第3代横綱丸山権太左衛門墓所
【本河内郷有墓地内】

第3代横綱丸山権太左衛門墓所

丸山権太左衛門（1713年–1749年）は、体格が大きく（身長197cm／体重170kg）、元文2（1737）年、仙台から大坂に上り大関となります。寛延2（1749）年8月には、肥後熊本吉田司家の許しを得て横綱に昇格。10月に興行で長崎に入り、当時、流行していた赤痢に権太左衛門も感染したと見られ11月14日に36歳で亡くなってしまいます。無念の死を悼み、寺町の晧台寺で盛大に葬儀が行われました。

伝説の鋳物師、亀女の作

一の瀬無縁塔／お亀の塔
【本河内郷有墓地内】

一の瀬無縁塔／お亀の塔

寛文2（1662）年1月、長崎では痘瘡（天然痘）が大流行し、子どもを中心に2,318人もの死者を出しました。同年7月、長崎の総町は供養のため一の瀬無縁塔を建立します。石塔正面に釈迦如来像と「南無釈迦牟尼佛」の文字、左側に阿弥陀如来像と「南無阿弥陀仏」の文字、右側に観世音菩薩像と「南無観音菩薩」の文字、裏面に地蔵菩薩像と「南無地蔵菩薩」の文字が施され、当初、各仏像は青銅製で作られ、赤星宗徹の作もしくは、孫の亀女の作ともいわれ、お亀の塔ともよばれています。

宝筐印塔移設の経緯

宝筐印塔は当初、現在地の日見寄り約50mの旧長崎街道沿いにありました。明治18（1885）年の日見新道建設で日見寄り（英彦山参道口）に移転します。当時の三菱長崎造船所によって作業が行われたため、宝筐印塔横の移設記念の碑には「三菱人足中」と刻されています。大正13（1924）年に日見トンネルを含む国道改修工事で再度、横にずらされ、平成3（1991）年の日見バイパス工事によって現在地に落ち着きました。

宝筐印塔

谷口青之助句碑

谷口青之助（1885年–1958年）は、長崎市榎津町（現・万屋町付近）出身で、早稲田大学卒業後、松島炭鉱に入社します。仕事のかたわら作句活動を続け西柳樽寺川柳会を創設し、長崎新聞や東洋日の出新聞の選者となります。昭和7（1932）年に長崎商工会議所に入り、昭和30（1955）年には長崎川柳作家連盟の初代会長に就任。この句碑は昭和33（1958）年、長崎川柳作家連盟により旧番所橋バス停付近に建立され、平成3（1991）年の日見バイパス工事によって現在地に移設されました。碑文「凡人にならう野を越え山を越え　青之助」

谷口青之助句碑

本河内郷 ③

本河内郷大師院跡

本河内の五島空如（俗名・五島イマ）は弘法大師信仰に厚く、明治44（1911）年に伊良林小田講所有の玉垣に囲まれた宮殿（祠・玉垣）を譲り受けます。弘法大師と不動明王ほか六角形石仏を安置して大師院を創建し、その後、高野山金剛峯寺の末寺となります。大正4（1915）年、地元の西山由蔵らが発起人となり本堂を建立。大正6（1917）年には高野山より弘法大師分身像一体をもらい受け安置します（現存せず）。大正10（1921）年、国道の拡張工事で敷地の大部分が縮小し、宮殿のみとなります。現在は荒廃し石仏と宮殿だけが残っています。

本河内郷大師院跡

日本最初の有料道路に

番所跡／日見峠／明治新道

江戸時代、日見峠は難所といわれていました。明治以降、開削は長崎近代化への早急な課題でもあり、明治14（1881）年、長崎県令・内海忠勝は貿易商の松田源五郎らに要請し、日見峠新道会社を設立します。工事は難航しますが翌15（1882）年に完成、1等国道（1級国道）に指定されました。日本最初の有料道路ともいわれています。道路は一瀬橋起点〜切通終点の道路で明治新道ともよばれ、通行料（道銭）は、通行人1名につき5厘。人力車一挺2銭。荷車3銭。牛車1銭5厘。乗馬3銭。駕籠2銭。馬車5銭で、掲示札は日本文、漢文、欧文で書かれ、付近住民には無料パス券が配布されました。道銭取立所（料金所）は本河内と日見に置かれました。現在のバス停名の番所はその取立所があったところです。道路は日見トンネルが開通する大正15（1926）年まで長崎の大動脈として使用されました。

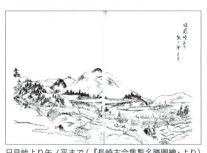

日見峠より矢ノ平まで（『長崎古今集覧名勝圖繪』より）

番所跡

清潔な水は命を守る。近代式水道

本河内高部水源地

長崎には延宝元(1673)年に完成した倉田水樋という上水道がありました。幕末、明治期と外国船入港に端を発したコレラの流行で何百人もの犠牲者が出るようになり、さらには神奈川や函館の開港で貿易額が減少し、あわせてコレラによる入港拒否もからみ長崎は経済的打撃をこうむります。また、倉田水樋の構造上、汚物混入も免れず市民の衛生意識の欠如も相まって伝染病拡大につながりました。当時の日下長崎県知事は水道会社設立を計画しましたが、政治問題化し区民が賛成反対と対立。会社設立を断念し政府補助金と貿易積立金、公債で建設することになり、明治22(1889)年に長崎区議会で決定され建設となります。明治24(1891)年に竣工。横浜、函館に次ぐ日本で3番目となる近代式水道のはじまりで、本河内水源地は日本初の河川取水方式でした。

本河内高部水源地

池の底に沈んだ自然石アーチ

幻の石橋（山口橋）

奥山方向から流れている妙相寺川に架かる自然石アーチ橋です。明治22(1889)年に本河内高部水源地の建設が始まった際に池の底に水没し、昭和43(1968)年に水位が低下したときに確認されるまで忘れられていました。俗に幻の石橋とよばれています。江戸時代末期から明治初年にかけて架橋されていました。渇水期または工事などで水位が低下したときのみ見られる、文字通り幻の橋です。市指定文化財登録名は本河内高部貯水池内石橋といいますが、本来は地区の字名である山口から山口橋とよんでいます。

本河内高部貯水池内石橋
（長崎市教育委員会より写真提供）

聖母の騎士修道院

昭和6(1931)年、ポーランド人の神父マキシミリアノ・マリア・コルベにより聖母の騎士修道院が創設されます。昭和5(1930)年の来日時より始めた布教活動で信者も増え、昭和7(1932)年には木造3階建ての本格的な修道院やルルドの泉も完成。当時、本河内の人々は聖母の騎士修道院を親しみをこめて「ポーランド」とよんでいたそうです。昭和11(1936)年には聖母の騎士小神学校が設立され、昭和22(1947)年に聖母の騎士中学校、昭和24年(1949)に聖母の騎士高等学校が開校します。

聖母の騎士高等学校

キリシタン地蔵

コルベ神父は昭和5(1930)年に来日して布教活動をはじめます。翌6(1931)年、本河内町に土地を購入し聖母の騎士修道院を開設するのですが、地蔵菩薩がお祀りされていたため本河内の住民によって丁重に彦山登り口に移されました。

昭和11(1936)年、敷地内に小神学校が開設されたとき、偶然にも地蔵菩薩があったところから十字架が発見されます。おそらくキリシタンが持っていたものなのでしょう。十字架は縦11.5cm、横5.8cmの大きさで、キリスト像はすり減って丸みを帯びていました。現在では聖母の騎士修道院で大切に保管されています。

キリシタン地蔵

Column コラム

お月見の山、彦さんと ご飯を盛ったような山、豊前坊さん

諏訪神社へ参拝にいくと、いつでも目に飛び込んでくる山が彦山と豊前坊です。ここから望む、ふたつの山がわたしはとても好きです。

彦山と豊前坊

長崎のランドマークは月見の山
彦山／英彦山

彦山は英彦山とも表記されます。標高402mの山で長崎市街地の東に位置します。寛延元(1748)年、頂上に福岡県英彦山から英彦山大権現がお祀りされると彦山／英彦山とよばれるようになりました。当時、山頂の様子が鍋をかぶったように木々が茂っていたところから鍋山や、中国の峨眉山に似ているところから眉嶽ともよばれ、また、山の周りに雲がたなびいている様子が眉を引いたように見えたため眉山とされ、それが訛って舞嶽ともいわれていました。

彦山は月の出を知る山であるところから月見に欠かせない山です。長崎奉行所勘定方であった大田南畝(蜀山人)はつぎのように詠みました。

「わりたちもみんな出てみろ今夜こそ彦さんやまの月はよかばい　四方赤良(ヨモノアカラ＝蜀山人)」

英彦山、豊前坊、ともに修験者の山でした
天台宗如意山本覚寺跡

元和元(1615)年、天台宗の僧・大賢坊厳盛は現在の福岡県英彦山から英彦山大権現を勧請し、八百屋町に如意山正覚院神地寺を建て創建となります。寛延元(1748)年には炉粕町付近に移り本覚寺と改めます。また、5代・日照坊覚潭は飯盛山に豊前坊を勧請し、享保4(1719)年にお堂を建立します。寛延元(1748)年には、地元の若杉氏より眉山飯盛山一帯の寄進を受けました。

明治維新ののち、本覚寺は廃寺となり英彦山と飯盛山に置かれたお堂は英彦山神社と飯盛神社となりました。

二の鳥居は本覚寺内にあった
英彦山神社参道

国道34号線の番所バス停付近から彦山(英彦山)および豊前坊に向かう登山道があります。頂上に英彦山神社があるところから登山道入り口には一の鳥居、日見新道(旧道)には二の鳥居がそれぞれ建っています。一の鳥居は安永9(1780)年に建立されたもので当初は長崎街道沿いにありましたが、当時の場所は水源地に水没しています。二の鳥居は天明6(1786)年、炉粕町の本覚寺内に建立されたもので、明治維新を受け廃寺となり浦五島町の松本卯市と末広町(現・出島町の一部)の御厨萬之助らが購入し松嶋神社に奉納するのですが、鳥居額面に「英彦山神社」とあることから英彦山神社参道に奉納となりました。

英彦山神社参道

ご飯を盛りつけたような…
飯盛山
　読んで字の如く御飯を盛った形の山で、長崎の市街地から見て彦山の左横に並んで控える山です。標高は約350mで山頂付近に豊前坊（飯盛神社）をお祀りしているところから別名を豊前坊といいます。山頂は高く険しい岩が林立し霊験あらたかな山といわれています。北は本河内、南は田手原に接しています。今では飯盛山より豊前坊とよぶ方が一般的になっています。

石の祠が物語る
英彦山神社／飯盛神社
　明治維新を受け、本覚寺第17代・豪教は長崎裁判所総督の澤宣嘉の許可を得て、英彦山、飯盛山にあった本覚寺の末寺をそれぞれ英彦山神社、飯盛神社と改称し、仏式の構造を神式に改装し僧侶は神主となります。その後、壇信徒を持たなかったため維持困難となり、明治7（1874）年に英彦山山頂の御霊を飯盛神社（豊前坊）に合祀し、以降、本河内の有志によって管理が行われるようになります。なお、英彦山山頂には石祠のみ存在しています。

飯盛神社鳥居

地元出身力士が持ち上げた大岩
両国関初土俵力験之石【飯盛神社境内】
　この石は昭和3（1928）年、本河内町出身の力士・両国関が力験しのために持ちあげた石で、高さ0.96m、幅1.2m、重さは100kgを超えるほどです。両国関（1907年-1959年）は、本名を太田勇夫といいます。高等小学校卒業後、船会社で仲仕として働き、その後、出羽の海部屋に入門します。昭和3（1928）年に国技館で「壇ノ浦」の四股名で初土俵を踏み、昭和11（1936）年11代目両国梶之助を襲名し、小結、関脇まで昇進しました。得意技は豪快な櫓投げで、引退後は待乳山を襲名しました。

両国関初土俵力験之石

山中から発見！いい伝えは本当だった
蛤石（【飯盛神社境内】
　蛤そっくりの形をした蛤石は豊前坊に伝わる伝説の石で、以前まではその所在は分かっていませんでした。昭和28（1953）年、当時の飯盛神社奉賛会の副会長の五島作太郎氏らが飯盛山山中から発見し、境内に持ち込まれました。蛤石を撫で、祈願すれば万病が治るといわれています。

蛤石

採石作業犠牲者のために
丁場大師堂
　丁場大師堂は飯盛神社の下方にある大きな岩の空洞の中に位置します。昔は石場（採石場：石丁場）で、仏体は作業犠牲者のためのものといわれています。創建は大正7（1918）年で、石祠のお堂を昭和初期までは尼僧・小森スエがお堂横に庵を構え管理していました。昭和5（1930）年には石工・佐藤定雄による不動明王、観世音菩薩、釈迦如来などの磨崖仏が刻まれ、信仰の厚さを物語っています。当時の寒行稲荷施行では小豆ご飯が振舞われたり、本河内の青年部が先達となり地元の神社（英彦山神社・奥山秋葉神社・松嶋稲荷神社）を参詣するお巡りがありました。岩場には昔の参道跡として鎖金具を見ることができます。

丁場大師堂

本河内郷 ④

青山不動明王奥之院

妙相寺前面にある山（分紫山）には以前まで妙相寺上宮があり、青山不動明王がお祀りされていました。創建は不明ですが、大乗妙典塔には文化9（1812）年の年号を見ることができます。

明治34（1901）年、妙相寺本堂の背後にお堂を設け遷宮しますが、遷宮後、信者に分紫山に帰りたい旨のお告げがあり、高野平地区（西トンネル付近）の住民によって再び不動明王がお祀りされ、お堂が設けられました。

江戸時代、烽火山に烽火台が開かれ一般の人が登れなくなったとき、七面山巡りはこの青山不動だったといいます。また、嘉永4（1851）年建立の常夜灯には蘭船海上安全の銘が刻してあります。

青山不動明王

千枚の葉を集めてお供え

高野平観音堂

正保2（1645）年、大音寺開山の傳譽関徹が本尊である十一面千手観音をお祀りしたことにはじまり、享保10（1725）年には地元の女人講が観音菩薩をお祀りしています。

一方、明暦2（1656）年には高野平観世音講が設立されて運営が行われるようになり、毎年10月23日前後の祭礼の際には「ソーメン飾り」と「饅頭飾り」というこの土地独自の風習のお祭りがありました。また、以前まで地蔵祭の際、お堂脇のタブノキの葉を千枚集め供える「タブの木様」という風習がありましたが、昭和初期に衰退しています。

高野平観音堂

峠地区の氏神様

地震石神神社
江戸時代初期、寛永末期（1640ごろ）に創建したと伝えられていて、祭神は地震神大明神と石神大明神でこの峠地区の氏神さまです。相殿には稲荷大明神もお祀りされ、石祠は明治28（1895）年、お社は昭和61（1986）年に改築されています。なお、石祠には石鏡があって「御夢想地震神／石神大明神」と刻されています。

地震神社　　　地震神社の石祠

火見峠ともよばれた嶺

日見峠／日見嶺
日見峠は俗称で、本来は日見嶺といい永禄11（1568）年に初めて道が拓かれます。長崎警護のため長崎入りする鍋島黒田両藩は、毎年2回この峠を通過し頂上で休息を取っていました。標高は約250mで上り1里下り1里（1里＝3927.27m）、上り七曲り下り七廻りと称される難所は、東の箱根に対し西の箱根といわれるほどでした。

天正6（1578）年、深堀純賢が長崎甚左衛門を攻めようと深堀から海路網場入りした際、たくさんのかがり火によって大群衆がいるかのように火を焚いたことから、火見と火々、のちに日見となり日見の嶺とよばれるようになります。また、八朔（旧暦8月1日）は徳川家康が江戸城に入場した日です。長崎では日見峠から「日拝み」として、ご来光を拝む習慣が昭和初期までありました。

昔は橘湾に不知火が現れ、多くの文人墨客が鑑賞のため峠に集ったため火見峠とよんでいました。このほか長崎奉行の送迎では長崎の地役人が立山役所からこの峠まで送迎することが常となっていました。

大正15（1926）年には日見トンネルが開通し、交通量も増えていきます。トンネル内には馬用の水飲み場が現在も残り、往時をしのぶことができます。

日見峠　　　日見トンネル　　　日見トンネル内の馬用水飲み場

吼牛山伝説

日見峠の南側に吼牛山という山があります。その昔、一人の少年が毎日主人の牛を野山に放牧させていました。ある日、一頭の牛を誤って逃がしてしまい、あわてて追いかけますが見失ってしまいます。主人に報告したところ、少年はこっぴどく叱られ、再び牛を捜すよう命じられます。少年は何日も山の中を捜しますが見つけ出せず、ついに道に迷い凍死し、そして妖怪となってしまいます。

妖怪は哭子とよばれ、霧深い雨の日には泣き声が山に響きわたり、頭は童子で体が黒く手に短い縄を持つ姿をしているといいます。

吼牛山

ここでは妙相寺を取り上げたいと思います。紅葉する秋に訪れるのもいいですが、寺の歴史や最高部にある秋葉大権現へ続く石段などをみていると、信心深い人たちの思いはいつでも感じることができますよ。

唐人らの避難所にもなった
曹洞宗瑠璃光山妙相寺

　寛永19(1642)年に薬師如来を本尊とした宗圓寺が今籠町(現・大音寺付近)に創建され、多くの信者が訪れていましたが後に衰退し、延宝7(1679)年に晧台寺第5世逆流が妙相寺として再興します。

　宝永4(1707)年、本河内の吉川儀部右衛門より土地を購入して移転し、境内に天満宮や秋葉大権現などを設け境内を整備します。文化5(1808)年には非常時の唐人らの避難所に指定され、唐船主らの参詣が常となりました。明治に入り、檀家が少ないため寺院維持で仏像などは整理され、さらに農地財産も売却し、第二次大戦後は無住持となります。現在は波の平町の太平寺が住持を兼務し自治会によって管理されています。

瑠璃光山妙相寺

石に刻まれた宮本武蔵
藤原鐵玄の墓所【妙相寺境内】

　藤原鐵玄(?-1808年)とはどういう人物か定かではありませんが、墓石には剣豪宮本武蔵(1584年-1645年)の神明流剣道と府内與三兵衛行貞の九策兵法の両道を教授したと彫られ、また、辞世の句も刻まれているので、侍の墓であることは間違いありません。おそらく長崎において没したあと妙相寺に葬られたものと考えられます。「宮本武蔵」の文字を見ることができる大変めずらしい墓石です。

　辞世之句「實相眞如月　照無量虛空　清風颯々兮　流水悠々兮」

藤原鐵玄の墓所

参道の石段に篤い信仰をみる
秋葉大権現【妙相寺境内】

　秋葉大権現は妙相寺境内の最高部で烽火山の中腹に位置します。創建は正徳5(1715)年に第3代住持・毒龍によって遠江国(現・静岡県)秋葉寺より秋葉大権現を勧請したことにはじまり、寛政5(1793)年に第10代住持活歩によって石祠と供養塔が設けられました。

　明治34(1901)年、妙相寺本堂の背後に不動堂が設けられた際、不動明王のほか天満天神、秋葉大権現と合祀されますが、中腹のお堂もそのまま置かれ一部の信仰者によってお祀りされています。この秋葉大権現の道標が本河内高部水源地下の妙相寺橋横に立っています。

秋葉大権現

秋の文字に注目！禾と火が逆
秋葉山大権現道標【本河内浄水場内】

　江戸時代は、妙相寺とは別に秋葉山大権現信仰が盛んで多くの参詣者が祈願に訪れていて、この道標は旧長崎街道の分岐点に立っていました。しかし、明治に入り水源地工事で水没することから現在地に移設されました。碑には「妙相寺／秋葉大権現道／從寛光孫山城國久世郡槇嶋(現 京都宇治市)之住／太田野右衛門尉行成三男／太田益右衛門直徳建立」とあります。

秋葉山大権現道標

日見トンネル口近くを通ると、気になる門柱がありますね。立派な石柱に「文明堂園」、「長崎市」などと刻され、思わず車のスピードをおとしてしまいます。今回は特別になかを見せていただきました。

国道に桜を二千本植樹した創業者
文明堂園／中川公園

　日見トンネルは、大正13 (1924) 年に起工し、大正15年 (1926) に開通します。掘削工事で出た土砂はトンネルの西口に盛土されたため、その場所を文明堂の初代・中川安五郎が昭和6 (1931) 年に整備し、中川公園として広く市民に開放しました。また、長崎市議も務めた中川氏は交通量が増えた諏訪神社下から日見トンネル口までの道路の補修改修工事に尽力し、さらには蛍茶屋日見間の国道に吉野桜二千本を植樹して、通行の市民の目を楽しませました。

　公園内には初代・中川安五郎の銅像があり、また、大正8 (1919) 年に当時の今町本店の井戸から見つかった大黒神と菓祖神がお祀りされています。このほか、庭園内には大手橋の親柱が置かれており、大手橋の昔のようすを知る上で貴重な資料といえます。現在、文明堂園は一般には公開されていません。

中川安五郎像

長崎名物カステラを全国へ
中川安五郎像

　文明堂総本店の創立者である中川家初代・中川安五郎 (1879年-1963年) は、長崎県南高来郡土黒村の出身で、若くして長崎で和菓子などの修業にはいります。明治33 (1900) 年に独立し、文明堂を丸山町に開業、のちに、現在の大波止に移転しました。文明堂は広告宣伝に力を入れ、全国の国鉄沿線に立て看板を出し、さらには宣伝ばなどを作り「カステラの文明堂」の名を全国に知らしめます。その後、全国展開にも成功し、文明堂は今やカステラの代名詞にもなりました。また、昭和のはじめに東京や大阪の支店をのれん分けして、現在では別法人となり、それぞれで味の研さんをしています。

　銅像は昭和6 (1931) 年、長崎菓業組合と長崎菓業青年団によって建立され、第二次大戦で供出されますが、昭和32年 (1957) に再建立されました。

長崎市と文明堂園が刻まれた門柱

大手橋欄干

大黒神と菓祖神がお祀りされている神殿

87

伊良林郷 ①

イラクサの茂るいらのはやし→伊良林

伊良林

伊良林はもともと大村氏の所領の長崎村に属し、長崎開港後の慶長10 (1605) 年に天領となり、長崎代官管轄の長崎村伊良林郷となります。

矢の平

長崎甚左衛門 (16世紀中期) が長崎を治めていた時代、矢の平は武士の騎馬や騎射の練習場でした。ある日、練習場の馬一頭が急に彦山の方へ走り出し、逃げようとしたので武士が捕らえようと矢を放ちます。このことが矢の平の由来といわれていますが、ほかに付近の地形が矢の形のように入り口は狭く上に登るに連れ、広がっているところから矢の平となったともいわれています。

伊良林郷は長崎村の東側に位置します。寺町通りの寺院の大半はこのエリアに属し、風頭山の北側一帯にあたります。伊良林はその昔、穎林と書きました。彦山のふもとは広大な草原が続き、そのことから伊良林の語源は刺草や蕁麻 (イラクサ) から来ているといわれています。江戸時代は長崎村伊良林郷、明治22 (1889) 年に長崎市に編入して長崎市伊良林郷、大正2 (1913) 年に伊良林郷は伊良林町と矢ノ平町、寺町になります。

昭和52 (1977) 年、伊良林町は1〜3丁目、矢の平町1〜4丁目に分けられます。地域は蛍茶屋付近から若宮神社、光源寺から晧台寺横の幣振坂までです。

矢の平

イラ林の文字 (「享和二年肥州長崎図」より)

イラクサ

私のことも言わないように

横向き地蔵（矢の平地蔵堂）

横向き地蔵

矢の平地蔵堂の創建は定かではありませんが、お堂の祠には寛政3（1791）年と刻まれています。お地蔵さんには、いい伝えがあります。

昔、一人の泥棒が町で盗みを犯し長崎の外れまで逃げて来ました。ふと、視線を感じた先に、お地蔵さまがじっと泥棒をみています。泥棒は「盗みをはたらいたことは誰にも言わないで下さい」と願います。するとお地蔵さまは「誰にも言わないから、私のことも黙っておくように」と、ぷいっと横を向くではありませんか。泥棒はびっくりして逃げ出しました。数年後、泥棒は長崎にまた戻り、再び、お地蔵さまの前を通りかかります。お地蔵様はあの時と同じく、横を向いたままです。泥棒はその姿に驚き、通りかかった男にこれまでのことを一部始終話してしまいます。「さてはお前、あの時の泥棒か！」話を聞いていた男は盗まれた当人で、泥棒を奉行所に突き出したといわれています。

地元の信仰者のために

矢の平稲荷神社

河内国（大阪府南部）の若杉氏が寛永元（1624）年に長崎に移住した際、自邸の若宮稲荷も移転します。延宝元（1673）年の若杉喜三太浄宣（出来大工町乙名）の代に、若宮稲荷を伊良林郷にある次石のそばに移して、社殿を建てお祀りするようになります。喜三太浄宣は、伊良林稲荷神社そばにも同じ若宮稲荷をお祀りしていました。その後、若杉家は新大工町に移転することになりますが、地元の信仰者が多かったため、享保10（1725）年、若杉氏は元の地に社殿をたて、矢の平稲荷神社としてお祀りするようになりました。

立山奉行所内にあった鳥居

立山奉行所内にあった灯篭

穎林口（伊良林口）

江戸時代、長崎に出入りする街道には、長崎街道や浦上街道など6ヵ所のコースがありますが、その一つが穎林口です。

穎林口は伊良林を出た後、矢の平に上り甑岩、飯香浦へ続く大変険しい道で、飯香浦からは海路で小浜へ渡り島原方面に向うというコースでした。

矢の平神社の鳥居と灯篭

境内にある鳥居〈天明6（1786）年〉と灯篭〈文化3（1806）年〉は、長崎奉行所立山役所内にお祀りしてあった立山稲荷神社のもので明治維新後、この地に移されました。また、廃された稲荷社の御霊もこの矢の平稲荷神社に合祀されたともいわれています。

伊良林郷 ②

新十人町

伊良林小学校の前、中島川に架かる中之橋と中島橋の間は、学校ができる以前の明治の初めころまでは、大変さびしいところで、人家も2、3軒ほどしかなく、俗に新十人町とよばれていました。

新十人町

明治32年に伊良林に移転

市立長崎商業学校跡【伊良林小学校東側】

　明治17（1884）年、商業学校通則の交付で神戸、横浜、大坂などにつぎつぎと商業学校が開校します。当時の長崎県令の石田英吉は有力者に協力を求め、創立委員会を設立し、明治18（1885）年、大村町に長崎区立長崎商業学校が開校します。翌年には夜間学校である長崎商業徒弟学校も誕生し、充実が図られます。（20年袋町に移転／26年廃止）

明治19（1886）年、県立長崎外国語学校と合併し県立長崎商業学校と改称。立山に移転します。

明治22（1889）年、県会によって県立学校を廃止し市に移管。長崎商業学校となります。

明治32（1899）年、長崎村伊良林郷に移転。

明治34（1901）年、市立長崎商業学校と改称。

大正14（1925）年、長崎市立商業学校と改称。

昭和8（1933）年、敷地拡大のため油木谷（現・油木町）に移転します。

昭和20（1945）年、原爆の被害を受け一時、上長崎小学校を仮校舎として使用。

昭和23（1948）年、学制改革により長崎市立長崎商業高等学校に改称。

昭和62（1987）年、敷地拡大のため現在の泉町／長与町高田郷に移転、現在に至ります。

ユーカリの樹は当時からのもの

馬が待機していた場所

馬喰町／伊良林郷宿／伊良林郷字宿

　若宮神社（伊良林稲荷神社）の門前を江戸時代、馬喰町とよんでいました。ここは諏訪神社の門前に広がる馬町で使われる馬が飼われていた場所です。通常、馬町の馬は長崎街道における公用の荷物を運ぶ役目があったため、いつも待機していました。

　また、若宮神社の門前の道は市街地から長崎街道へ抜ける近道で、新大工町を

馬喰町

通らない脇街道にあたります。付近には数件の宿があったとも考えられ、以前まで伊良林郷字宿とよんでいました。

若宮神社門前で西洋料理

料亭藤屋跡

　嘉永3（1850）年、松尾長之助が若宮神社門前に料亭を開業します。慶応元（1865）年、松尾清兵衛が中国に渡りフランス料理を習得し、帰国後、藤屋は西洋料理店となりました。明治6（1873）年、再び料亭となりますが、その後、廃業しています。

料亭藤屋跡

洋館を建て、西洋料理を提供

良林亭／自由亭跡

　安政6（1859）年、草野丈吉は大浦の居留地で外国人の使用人としてつかえます。その後、オランダ軍艦のコックとして西洋料理を学び、文久3（1863）年、伊良林の自宅を改造して西洋料理店の良林亭を開業します。自遊亭や自由亭と改称し、のちに本大工町（現・魚の町）移転しますが、明治11（1878）年、馬町に洋館を建て営業を続けます。明治12（1879）年のグラント将軍来日時には、パーティーが開かれました。明治21（1888）年、地方裁判所に買収されて廃業し、検事正官舎として使われます。

　洋館は、昭和49（1974）年にグラバー園に移築されました。

グラバー園内の旧自由亭
（ながさき旅ネットより写真提供）

紅葉橋

　明治時代、紅葉橋のある中島川左岸沿いには貿易商・杉山徳三郎の屋敷がありました。当初、紅葉橋はその屋敷から私費によって架けられました。現在の橋は昭和53（1978）年に長崎市によって架橋されたものです。

紅葉橋

伊良林郷 ③

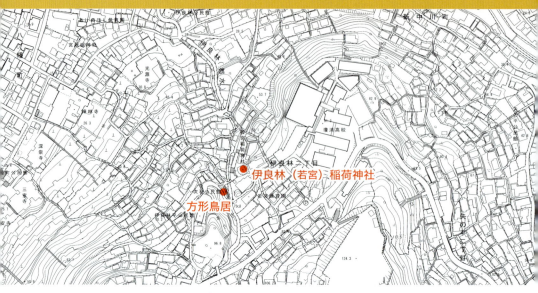

竹ン芸
【若宮稲荷神社】

竹ン芸は男性2人が稲荷神の使いのキツネに扮し、約10mの2本の青竹の上で繰り広げられる曲芸です。独特な囃子とユーモラスなキツネの動きが人々を魅了します。現在、若宮稲荷神社の秋の大祭の恒例行事として行われていますが、起源は文政3（1820）年ごろ、諏訪神社の大祭である、くんちの奉納踊りとして八百屋町が初めて奉納したという説が一般化しています。その後、明治29（1896）年より若宮稲荷神社の例祭（10月中旬）に引き継がれています。市無形文化財。

竹ン芸
（ながさき旅ネットより写真提供）

幕末の志士たちも崇敬

伊良林（若宮）稲荷神社

かつて、河内国（大阪府南部）に住んでいた若杉氏は邸内に若宮稲荷を大切にお祀りしていました。寛永元（1624）年、若杉八左衛門浄祐の代のころ長崎に移住し、稲荷社も一緒に移転します。延宝元（1673）年には、若杉喜三太浄宣（出来大工町乙名）が、稲荷社を伊良林郷にある次石のそばに移し社殿を建てお祀りします。当時、この地域に大きな神社がなかったため、伊良林郷の氏神様としても崇敬を集め、次石社として親しまれたそうです。また、江戸時代には唐人から多くの寄進もありました。明治維新後は、亀山社中の関係で薩摩長州土佐肥後の各藩の志士の往来が増え、彼らの崇敬も厚く勤王稲荷とよばれた時代もありました。

明治元（1868）年、九州鎮撫総督の澤宣嘉により伊良林稲荷神社と改称しましたが、市民からは若宮稲荷として親しまれています。

若宮稲荷神社

窮地を救ったお稲荷様

若宮神社の細井因幡守の伝説1【若宮稲荷神社】

　ある時、長崎で緊急の事態が起きたため、因幡守は至急江戸幕府に一通の書状を急使（特急便）に託すことになりました。数日後、因幡守は送ったはずの書状が手元に残り、不要の書類がないことに気づきます。

　最速の飛脚を出したとしても、急使に間に合うはずがなく因幡守は責を負う覚悟をし、日頃から信仰していた若宮稲荷に祈願するのです。

　急使が江戸に着いたころ、因幡守の机には誤って急使に託したはずの不要の書類が置かれ、残っていた書状が行方不明となり、因幡守は頭を抱えます。

　数日後、任務を終えて長崎へ戻ってきた急使は、書状を幕府に届け無事に任務を果たしたというではありませんか。因幡守は若宮稲荷のおかげと大変感激し、それからは若宮神社の参道の整備や大祭などの発展に寄与し、以降、多くの崇敬者で賑わうようになったといいます。

ご加護で大飢饉を乗り切った

若宮神社の細井因幡守の伝説2

　享保17（1732）年、この年は西日本でイナゴが大発生したため各地で大飢饉となり12,000人もの人々が餓死したといわれています。しかし、長崎では餓死者は1人もなかったため、信仰の厚かった第46代長崎奉行細井因幡守は若宮稲荷神社のご加護によるものと、神社の発展に寄与しました。細井因幡守は、享保14（1729）年から没する元文元年まで在勤しました。墓所は本蓮寺後山にあります。

長崎奉行が奉納

方型鳥居

　若宮神社の川を挟んで反対側にもう一つ別の稲荷神社があります。参道には柱が角ばった大変珍しい方形鳥居が建っています。柱には「文政五年長崎奉行土方出雲守」という文字が刻され、文政5（1822）年に第89代長崎奉行土方出雲守勝政がこの方形鳥居を奉納したことがわかります。この方形鳥居は、長崎奉行所立山役所内の庭園にあった立山稲荷神社のもので、明治8（1875）年に方形鳥居だけがこの場所に移されました。

方形鳥居

稲荷施行

　稲荷施行とは寒中（1月中旬）に稲荷社を祈願して廻る行事のことで、昭和40年代（〜1970年ごろ）まで長崎でも盛んに行われていました。稲荷神が商売繁盛の神ということもあって主に料理屋の店主などが中心となって夕方から集団で開運を祈願して巡りました。小豆御飯（赤飯）や金頭（かながしら＝ガッツ）、油揚げを持参し、「ヨッシンヨイサ」「ヨッシリヨイサ」の掛け声のもと、お供えして回っていました。もともとこの行事は穴施行ともいい、寒中は寒さのため稲荷神の使いのキツネが食糧不足で困っているだろうと、キツネの棲む洞穴（狐塚や狐穴）にえさを置いていく習慣が始まりで、いつしか商売繁盛の信仰となったといわれています。

　長崎では若宮稲荷や松嶋稲荷などのほか傳八稲荷や玉園稲荷など地域の稲荷講などで盛んに行われました。

伊良林郷 ④

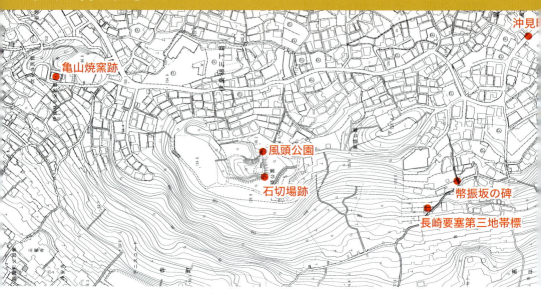

(亀山)社中跡

土佐藩を脱藩した坂本龍馬や神戸で海防を学んだ同志らは、慶応元(1865)年、海運や貿易、さらには政治活動のために来崎します。廃窯したばかりの亀山焼窯跡に拠点を置いて、薩摩藩の援助のもと商社を立ち上げ、社中(亀山隊)と命名します。当初、交易の仲介や物資の運搬などで利益を得、薩摩藩-長州藩の橋渡し役となり運営は順調でしたが、次第に難題が山積し、慶応3(1867)年には後藤象二郎率いる開成館の長崎出張所(土佐商会)傘下となり土佐藩から資金援助を受けるようになります。このとき海援隊に改称し、本部は小曽根邸へ移ります。
しかし、坂本龍馬の暗殺以降、求心力がなくなり、慶応4年〈明治元(1868)年〉藩命により解散となります。亀山社中は3年間という短い活動とはいえ、日本の開国を前進させる一因となりました。

亀山焼窯跡の石碑

風が吹き下るので…

風頭山

風頭山は市内中心部の東に位置し、標高150m程の長く連なった山です。江戸時代後期に書かれた『長崎名勝圖繪』によると「東からの風が吹き下るので風頭の名がある」とあります。ふもとにはたくさんの寺院が立ち並ぶ寺町となり、中腹のほとんどは寺院の墓所となっています。

古い文献では区別を理解

男風頭と女風頭

長崎市街地の東に連なる風頭山と北に連なる立山は江戸時代から市民に大変親しまれた山です。ともにふもとからのびる先には海岸があり、市街地が形成され、寺院が並び、山腹には墓地がひしめき合う、同じような雰囲気を持っています。長崎人にとって目印の山です。また、ともに向い合っている二つの山は、俗に風頭山を男風頭、立山を女風頭(または北風頭山)とよんでいました。現在はあまり使いませんが古い文献を読む際には、この男女の区別をきちんと理解する必要があります。

男風頭
(「享和二年肥州長崎図」より)

女風頭
(「享和二年肥州長崎図」より)

桜の名所は市民憩いの場

風頭公園

江戸時代から伝わる民謡「ぶらぶら節」の歌詞に「紙鳶（はた）揚げするなら金比羅、風頭。帰りは一杯機嫌で瓢箪ぶらうらぶら　ぶらりぶらりと　云うたもんだいちゅう」とあり、風頭山はむかしから紙鳶揚げの地として有名でした。特に3月3日桃の節句は子どもたちにとっては紙鳶揚げの日で、桃の節句ですが女の子より男の子が主役で盛んに紙鳶揚げが行われていたそうです。現在は桜の季節に風頭公園で紙鳶があがっています。

風頭公園

力を一つに！幣を振る

幣振坂／石切り場跡【風頭公園内】

江戸時代、風頭山は良質な安山岩が豊富に切り出され、長崎市内の階段や鳥居などに広く利用されていました。現在、石切り場は風頭公園になっていますが、石材はそこから人力で坂を下り市街地まで下ろしていました。

寛永15（1638）年、諏訪神社の一の鳥居（現在の二の鳥居）建立の際、郷民2,000人が石材を引っ張りますがビクともせずにいたところ、1人が幣を振って音頭をとると石はようやく動いたといいます。このことから幣振坂とよぶのです。幣振坂の碑は幣振坂が明治44（1911）年3月28日に工事の出願がされ、翌45（1912）年6月に完成したと刻してある碑です。現在、復元された石碑などを除くと「幣振坂」と刻された唯一の石碑です。

幣振坂の碑

軍事上の重要地域

要塞地帯の道標

要塞とは重要都市や拠点などの防御のために作られた軍事施設のことをいい、要塞地帯はその周辺の区域を指します。明治32（1899）年、長崎は要塞地帯法によって長崎要塞地帯区域に指定され、区域内では測量や建造物に厳しい制限が行われました。

長崎要塞第三地帯標

沖見町

風頭山頂付近からは長崎市街地や長崎港が一望でき、ときには五島列島までみえるため、以前までは俗称で沖見町とよばれていました。また、昭和30年代（～1955）ぐらいまでは山頂付近にはほとんど人家はなく畑地が続いていたためか、現在の渕町の火葬場が出来る前はこの風頭山頂下付近にありました（旧自動車学校付近）。

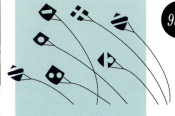
沖見町

伊良林郷 ⑤

市内38町をまかなった水樋

倉田水樋水源跡

　倉田水樋とは、本五島町乙名で廻船問屋の倉田次郎右衛門が、当時の長崎の水利の悪さを心配して創設した水道です。寛文7(1667)年、長崎奉行松平甚三郎隆見の許可を得て工事に着手しました。倉田次郎右衛門は宅地など私財を処分して工事費に当てますが、事業は困難を極め工事費は不足します。長崎奉行松平甚三郎は倉田次郎右衛門の活躍に感激し、工事費を援助します。工事開始から7年後の延宝元(1673)年にようやく水樋は完成します。
　水樋は丸太材をくり抜き杉皮などで包んで埋設したもので、敷設は八幡町から銅座町、大井手町から築町まで幹線を走らせ、各町に支線を通して市内の38町をまかなうものでした。
　以降、倉田家は給水や補修などを司る水樋係となり代々世襲されます。幕末から明治初期の外国貿易の増大とともにコレラなどの伝染病が流行しやすくなったため、明治24(1891)年に本河内水源地が建設され倉田水樋はその役目を終えました。
　また、倉田次郎右衛門は官許を得て、出島専用の水樋も建設しています。宝永4(1707)年に完成させ、高野平郷(現・小島小学校横)から出島のオランダ商館へ送水します。寛政8(1796)年には立山奉行所専用の水樋・狭田水樋が作られ、西山郷狭田の桜水とよばれる井戸から土管を通して立山役所まで水を引きました。

御大典奉祝寺町記念碑
【興福寺側道】

　御大典奉祝寺町記念碑は、寺町には多くの寺院がたち並び、さらに多くの霊が眠っていること、大正2(1913)年に長崎市に編入したことなど地形と歴史を紹介する内容が書かれています。昭和3(1928)年に昭和天皇が天皇に即位されたことに合わせて建立されました。書は松田龍窟、寄進者は晧台寺をはじめとする92名の有志です。

御大典奉祝寺町記念碑

倉田水樋水源跡

航海の神として参拝を受けた

水神神社跡

　水神神社は、寛永年間（1624-1643）渋江公師が長崎入りし出来大工町に屋敷を構え、承応元（1652）年、邸内に水神をお祀りしたことにはじまります。明暦（1655ごろ）時代に社殿を炉粕町（動物広場下付近）に移転しますが、当時、長崎では河童の被害に悩まされる者が多く、渋江氏がその被害を食い止めたといわれています。また、来崎していた唐人からも航海の神として熱心な参拝を受けます。元文4（1739）年には当時の長崎の水源であったこの付近に移転し社殿を構えますが、大正9（1920）年の市街地の拡大でさらに上流の本河内1丁目に移転しました。

柳川と同名の光源寺を開山

浄土真宗本願寺派巍々山光源寺

　筑後（福岡県）柳川藩瀬高下庄にある光源寺住職の松吟は真宗の布教のためキリシタン全盛期の寛永初年（1625ごろ）長崎に入ります。寛永8（1631）年、庵をたてて布教活動を始めると、長崎奉行は松吟の活動に大いに喜び、銀屋町（銀屋町自治会館前）に敷地を与えます。松吟は柳川の光源寺を弟子に譲り、寛永14（1637）年、改めて長崎に筑後と同名の光源寺を開きます。しかし、延宝4（1676）年、火災により類焼し、伊良林（現地）に移転。本堂は延宝4（1676）年に創建され、天保3（1832）年と明治44（1911）年に改修されました。昭和20（1945）年、原爆により大破しますが、その後、改修されて平成3（1991）年に大改修されました。

石に浮かぶ三日月

灣月石（わんげついし／みかづきいし）【光源寺境内】

　光源寺の裏手にある巨大な石には真ん中に三日月の形をした傷があります。一方、伊良林観音堂のお堂の脇にも大きな石があります。空から落ちてきたお月様が、途中で半分に割れ、一つは光源寺の横に、もう一つは伊良林観音堂のところに落ちたといういい伝えもあります。

灣月石

伊良林観音堂横の石

河太郎饗応
【水神神社境内】

　水神神社には、河童のいい伝えがいくつもあります。
　江戸時代、中島川は市民の飲料水に利用されていましたが、年々汚れが目立つようになります。困ったのが川に棲む河童で仕返しのためか人間に悪さを働くようになります。そこで水神神社の神職はある日、河童を神社に招きました。ご馳走を用意し、神職には本物のたけのこを、河童には古い竹を輪切りにしたものを出します。神職がたけのこを美味しそうに食べる姿を見て河童は驚き、人間にはかなわないと悟ります。以降、河童は人間に対して悪さを働かないようになるのですが、付近の住民も川の大切さを知り、きれいに使うようになったといいます。明治のころまで毎年5月にたけのこなどを出す宴会（行事）を開いていたそうですが、いつしか絶えてしまいました。

高野平郷 ①

名前の由来は巨石の弘法大師座石から

高野平郷は風頭山の南部域で小島川（銅座川）の東側一帯をさします。江戸時代は長崎村高野平郷、明治になり下長崎村に属し、明治31（1898）年、長崎市に編入します。

大正2（1913）年に高野平郷の北部を高野平の「野」の字を省略して高平町とし、南部を愛宕山にちなみ愛宕町に改称。昭和48（1973）年に現在のような町番になります。

風頭山麓の大音寺から愛宕山に至り、北側は墓所、南側は住宅が多く立ち並ぶ地域といえます。

水口天満宮跡

創建は江戸時代初期で、昭和30年代（1960ごろ）まであったといわれています。御神体などは行方不明ですが、次のようないい伝えがあります。

・昔、天神像があり付近の住民に大変信仰されていました。しかし、元和年中（1615-1623）に清水寺を開いた沙門慶順が清水寺の境内に移し清水天神とします（明治維新後、八坂神社に）。100年あまり後、付近は貧しく住民の多くはこの地を去って行きました。そこに釈周伝という人物が訪れ、以前は天神像があったことを知ります。享保11（1726）年、釈周伝は夢を見ます。ある屋敷を訪ねると天神像があって屋敷の婦人が周伝のところに連れて行くようにお願いして夢に来たとのいうのです。翌日、その屋敷を訪ねると天神像を授かることになり、水口天満宮が再建となったと伝わります。

・創建は寛永3〜6（1626〜9）年ごろ、本石灰町の明石兵左衛門がこの地に天満宮をお祀りしたことに始まります。当時、この付近は高野平郷に属し、水田が続いていました。天満宮のそばから水が湧き出ていたところから水口天満宮とよばれるようになったといいます。

水口天満宮跡

高野比良と書かれた地図
（「享和二年肥州長崎図」より）

禁教令後、祠からお堂に、そしてお社へ

寶珠山延寿院現應寺跡

江戸初期、佐賀出身の山伏・高覚院が今籠町東南部（大光寺下付近）の樹齢数百年の老木の側に小さな祠を建て、須佐之男命（天王社）をお祀りしました。禁教令後、高覚院は長崎奉行水野河内守の許しを得て、寛永3（1626）年、お堂に建て替えます。寛永15（1638）年には今の八坂神社の場所に移転。明和3（1766）年に火災で焼失しますが再建し、安永8（1779）年に諏訪町の住人から鳥居の寄進を受け、さらには毎年、唐船より寄附を受けるようになります。明治維新によって現應寺は八坂神社に改称し、お寺から神社に変えられました。この時、九州鎮撫総督の澤宣嘉から「八坂神社」の手書きの文字を頂き、鳥居の額として納められます。

八坂神社／寶珠山延寿院現應寺跡

一説には神宮寺住持の墓

弁慶石

剛力者が茶臼山に登って石を投げ、ここに落ちたことが由来といわれています。鎌倉初期、源義経の家来の弁慶は力が強くて名も知られていました。そこから弁慶石と名づけられたといいます。小島川沿いは大きな岩が多く、弁慶石も町が拓かれる前からあったものと考えられます。現在、石の横には弁慶石大明神がお祀りされています。一説によれば、立山にあった神宮寺の住持・真観が高野平に庵（玉圓坊）を設けたとされ、岩がその庵の跡でかつ墓所ともいわれています。

弁慶岩

信心の心あれば清めてくれ

潮灌地蔵【高平町下自治会内】

地蔵堂の前（清水寺の門前）は、農民が町からの肥を担いで通るため大変な臭気だったそうです。ある夜、男が夢を見ます。僧が現れ「自分はそこのお堂の地蔵菩薩であるが、毎日、不浄を置くので臭くてたまらぬ。信心の心あれば堂のまわりを清めてくれ」と告げたのです。翌朝、男はお堂に花や線香を供え、潮水を汲んでお地蔵さまに灌ぎます。付近の者もお堂をきれいにし潮水をかけるようになり、お地蔵さまは潮水の乾く暇もなかったそうです。

潮灌地蔵

夫婦地蔵

夫婦地蔵は以前まで小島小学校の上手の東川平橋のそばにありました。昔、この付近に多くのカワウソがいたため、そのカワウソ除けのために祀られたと刻まれています。しかし、その後、石像は二つに割れてしまい、どういう訳かり夫婦地蔵と称されるようになりました。

夫婦地蔵

目当ての地蔵

目当ての地蔵は小島小学校と深い関係があります。明治19（1886）年に創設した小島小学校は校舎が手狭だったこともあり、明治41（1908）年に小島川の上流へ移転します。しかし、新校舎は畑地が続き、特に目立った目印がなかったため小学生が通学する際、よく道を迷ったり間違えたりすることが多かったといわれています。そこで付近の住民などが分かれ道などに目印として（目当てとして）置いたのがお地蔵さまでした。以前は道々に置かれていましたが現在では寄せ集められお祀りしてあります。

目当ての地蔵

高野平郷 ②

榎観音堂

榎観音堂の創建ははっきりしませんが、天和3（1683）年奉納の地蔵尊像、安永9（1780）年奉納の地蔵尊像があって、ともに高野平郷の者が安置したとあります。また、明治維新後、廃寺となった願成寺の観音像がここに安置されました。榎の名称は付近を流れる小島川を別名・榎渓（えのきだに）とよんだことによります。

観音像

榎観音堂

弘法大師ゆかりの寺

真言宗宝寿院真福寺文殊院跡

宝寿院真福寺文殊院は寛永8（1631）年、僧の快尊が今籠町付近に一寺を建てたのが始まりで、寛永18（1641）年、高野平に移ります。当時、境内には高野山を開いた弘法大師が修行したと伝わる巨石の弘法大師座石があり、のちに高野平（高平町の旧名）の由来となります。天明5（1785）年、寺は大破のため長崎奉行所から、さらに文政2（1819）年には唐船からそれぞれ寄附を受け修復されます。しかし、明治維新の廃仏毀釈ののち、大浦お慶の別荘となり、その後、旅館沖見荘として営業されましたが、現在は個人所有の土地となっています。

真福寺文殊院跡

当時をしのばせる鳥居が残る

長崎の安全祈願を命じられる

真言宗愛宕山大光院願成寺跡

願成寺開基の修験者（山伏）・宥慶は江戸時代の初めに平戸から長崎入りし立山に一寺を建立します。寛永20（1643）年、第12代長崎奉行馬場三郎左衛門利重の許しで合斗峰（愛宕山）のふもとに移転し、合斗峰山頂の上宮に愛宕大権現と栄耀太郎坊天狗をお祀りして、ふもとに地蔵尊を本尊として願成寺（愛宕宮）を開きます。愛宕大権現は火の神様ということもあって、以降、長崎奉行より長崎の安全祈願を命じられ、幕府老中からの添書きも与えられます。文政元（1818）年や嘉永元（1848）年には唐船より安全祈願のため多額の寄附を得て、拝殿や鐘楼堂などの再建に役立てます。しかし、明治維新により神仏混合の禁止令で願成寺は廃寺となり愛宕神社となります。

愛宕山（『長崎名勝圖繪』より）

高平町と愛宕地区の鎮守様

愛宕神社

明治維新を受け愛宕山大光院願成寺は廃寺となります。堂内の仏像は清水寺に移され、石仏などは堂外に置かれ、仏具一切はすべて裁判所に納入となり売却されました。そして、愛宕大権現と同じ火の神である火産霊神（ほむすびのかみ）をお祀りし愛宕神社と改称します。明治期以降、境内整備のため吉野桜や楠、松などの植樹が行われ（楠のみ現存）、現在では旧高野平郷にあたる高平町と愛宕地区の鎮守としてお祀りされています。

愛宕神社

五仏は五智如来ともよばれる

愛宕五仏地蔵堂【愛宕神社境内】

愛宕山大光院願成寺には五つの仏像がお祀りされています。五仏とは五智如来ともよばれ、大日如来、阿閦如来、宝生如来、不空成就如来、阿弥陀如来の五つの仏をいいます。明治維新による廃仏毀釈で仏具は清水寺などに移され、五仏は愛宕神社境内に移されました。残念ながら阿弥陀如来像だけが現存しません。五仏像の歴史を紹介した五佛像縁起之碑が昭和29（1954）年に建立されています。

愛宕五仏地蔵堂

鯨の潮吹き

今では万屋町の代名詞ともなった長崎くんち奉納踊りの鯨の潮吹きですが、始まりは江戸中期の安永5（1776）年、愛宕山（愛宕大権現）の祭事の際、万屋町の旅館・呼子屋に滞在していた鯨組主人の中原甚吉が、奉納の米引きを見て発案したもので、愛宕山の祭事に奉納したのが始まりといわれています。これが大変な人気だったため2年後の諏訪神社のくんちに奉納となったといわれ、現在に続いています。また、ある年、鯨の生地となる「黒繻子」が入手困難になった時には、町内の女性たちの帯をほどいて間に合わせたという話も残っており、狂歌に「お祭をするとて町の女房たち　帯までほどいて鯨するかな」と唄われています。

鯨の潮吹き初演の地

高野平郷 ③

桶屋町接待地
【愛宕山登山道】

古老によると、江戸時代、愛宕山（願成寺）は山岳信仰が盛んで、山の神をお祀りする願成寺は修験者（山伏）の寺として多くの参詣者があったといいます。山岳信仰の象徴、また山の神として敬われたのが天狗です。いつも八手の葉を持ち自由に空を飛ぶことができたといいます。

ある時、桶屋町で大火があった際、愛宕山より天狗が舞い降り八手によって火を消し止めたといういい伝えがあり、その後、桶屋町の町印に八手が使われたといいます。以降、桶屋町の住人は愛宕山を信仰するようになり、接待の地（参詣の地）となったのです。

八手の町印、桶屋町の提灯

江戸時代には長崎十二景のひとつ

愛宕山／合斗峰

愛宕山は初め、合斗峰といい、山頂に竿石とよばれる直立した岩があるところから文筆峰ともよばれていました。寛永20（1643）年、願成寺に愛宕大権現をお祀りしたことと願成寺の山号を愛宕山としたところから愛宕山とよばれるようになり、山岳信仰の場となります。また。山の形が円錐形をしていて大変美しく、江戸時代には長崎十二景の一つに数えられ多くの絵に描かれています。

狂歌師・大田蜀山人が次の歌を詠んでいます。

「雨風は花のあたこの山さくら　このは天狗と散らせたまふな　南畝大田覃」

愛宕山

崇福寺第7代住持の文字が刻まれる

文筆峰の碑【愛宕山頂】

愛宕山の山頂には3メートル程度の丸い岩がゴツゴツと並ぶように立っており、その中の1つに「文筆峰」と刻されています。これは崇福寺第7代住持・大衡海権（1693年-1706年）によるものです。ちなみに大衡海権は中国福州出身です。

文筆峰の碑

うららかな春の登山を詩に残す

題詩刻二首の碑【愛宕山頂】

題詩刻二首とは頂上にある巨岩に刻された漢文のことです。碑文は享保4（1719）年から享保9（1724）年まで崇福寺の第10代住持を務めた道本寂傳（中国福州出身）によるもので、享保9（1724）年に刻されました。

碑文（表）「翠靄浮天第一峰　雲根盤薄畳青松　遊人漫爲悲陵谷　閲遍滄桑是幾重　道本」（裏）「遊山豈必春時比　日澄臨悟可治漱　緑新陰如銹幕碧　雲堆裏坐題詩時　／享保九歳在甲辰四月立夏擇道奉来遊題興」

題詩刻二首の碑

自治会活動の功績を称えて

高比良翁頌徳記念碑【愛宕山頂】

高比良力太郎（1859年-1926年）は高野平郷の生まれで、明治26（1893）年、高野平郷の衛生部長となり、明治44（1911）年には青年団を結成します。大正14（1925）年に地域の会館建設に着手し、自ら多大な犠牲を払い完成にこぎつけました。20数年にわたる自治会活動の功績を称え、昭和8（1933）年、地域の有志によって記念碑が建立されています。碑文は陸軍歩兵大佐の伊吹元五郎、文字は書家の萬木悟堂によるものです。

高比良翁顕徳記念碑

西島助義翁之陶像【愛宕山頂】

江戸時代は愛宕山として栄えていましたが、明治維新後は愛宕神社となり官有化となります。大正時代には官有林の払い下げが行われ、当時の陸軍中将男爵の西島助義によって山林は買収されることになります。一方、それまで愛宕神社を信仰していた地元の者は、地元への払い下げを要請し、地域の有力者の高比良力太郎は陸軍歩兵大佐・伊吹元五郎の協力を得て助義に要請します。その後、助義は死去しますが、息子の助継が助義の意思を受け払い下げに応じ、昭和21（1946）年、助継は山林を愛宕神社に奉納します。この功績に対し、昭和21（1946）年、西島助義の陶像が建立されました。

西島助義翁之陶像

伊吹元五郎氏之像【愛宕山頂】

陸軍歩兵大佐の伊吹元五郎は大正11（1922）年に帰郷し、その後、在郷軍人連合分会長や衆議院議員として活躍しました。地元の高比良力太郎と共に愛宕神社境内地の土地所有問題の解決に20年以上も携わり、昭和21（1946）年、無事解決させました。この陶像は愛宕神社の信者によって昭和21（1946）年に建立されました。碑文「名も高き　神のみ以つ（御稜威）の愛宕山元の社に　かえる嬉しさ」

伊吹元五郎氏之像

高野平郷 ④

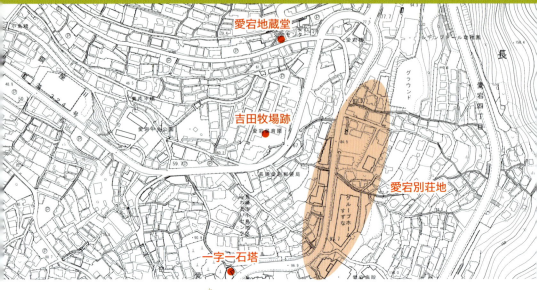

吉田牧場跡

昭和の始めごろ、この付近に長崎一といわれた牧場がありました。吉田牛乳店が経営していたことから吉田牧場とよばれていました。牧場にはホルスタインが数頭とも十数頭ともいたといわれ、当時、牧場沿いからはお乳を搾っていた光景も見られ、独特なにおいがしていたそうです。しかし、昭和30（1955）年ごろ閉鎖され住宅地へと変わります。今でもこの付近の電柱には「吉田」の文字を見ることができ、国道沿いに当時の塀（万年塀）が一部残っています。

吉田牧場当時の塀

電柱に残る吉田の文字

天草の陶土でつくられたお地蔵様

愛宕地蔵堂

愛宕地蔵堂がある場所は、茂木新街道と甑岩(こしきいわ)への分岐点に当たり、昭和の初めまで甑岩神社の一の鳥居が立っていました。以前まで基礎石の円石がありましたが、いまはコンクリートの下にあり見ることができません。地蔵堂に祀られている地蔵像は松浦藩のある一族が長崎に移住した際に持参したもので、弘法大師像は毛利家の家来が天草から陶土を取り寄せて焼いたものといわれています。このほか道中安全の守護といわれる馬頭観世音菩薩像があります。これは明治維新の際、廃寺となった愛宕山願成寺の解体材料や電柱を運搬した高野平郷の馬方連が奉納しています。台座には「明治40年（1907）四月二八日電燈会社馬方中・高野平高比良力太郎」とあり、愛宕山復興に尽力した高比良力太郎の名前を見ることができます。

愛宕地蔵堂

電燈會社馬労中、高野平高比良力太郎の名

海と山、町を見下ろす静かな場所

愛宕別荘地

　昭和11（1936）年の茂木の国道開通後、愛宕4丁目の国道沿いには別荘が立ち並びます。現在のレデンプトール幼稚園から田上へ100メートル程進んだ場所には松島炭坑松島志米蔵氏の別荘、さらに田上寄りには代議士月川氏の別荘が建ちました、ここは後に料亭幾松、大洋寮、ＮＢＣアパートと変わり現在は高齢者施設に変わっています。現在の愛宕病院の場所は、五人茶屋という商家の別荘でした。かつてリンガーハットがあり現在は更地の場所は貿易商の本田氏の別荘跡です。これら別荘は第二次大戦後すべて連合国軍に接収され、一時、デルノア司令官も住んでいました。当時の庭園や石垣の一部が残っています。

愛宕別荘地

ビクター・デルノア

　連合国軍総司令部（GHQ）長崎軍政部の司令官で、戦後の長崎の復興に力を注ぎました。
　第1回の平和記念式典ともいわれる文化祭の開催を許可するなど平和の発信にも尽力しました。

デルノア通り

ひとつの石に一人一文字願いを込め

一字一石塔

　一字一石塔とは信者の一人ひとりが一つの石に一文字ずつ文字を書き、その塔の下に埋め願いを掛けるというものです。敷地は寄合町の遊廓・浪華楼の山崎氏の墓所で、おそらく個人でこの塔を建立したものと考えられます。正面の「南無妙法蓮華経」の文字は本蓮寺第28代住持・日達〈明治9（1876）年-明治16（1883）年在職〉のもので、明治25（1892）年に建立されています。

一字一石塔

長崎初のレジャーランド

スカイランド跡

　昭和42（1967）年、浜の町（観光通）の丸重呉服店は、田上町、弥生町、早坂町の三地区にまたがる広大な山林を造成し、長崎初のレジャーランドとなるスカイランドをオープンさせます。ゴーカートやモノレール、観覧車といった本格的遊園地で、多くの市民で賑わいました。昭和46（1971）年に閉園し、昭和48（1973）年に売却され施設は解体、分譲住宅地・三景台へと変わります。昭和57（1982）年、宅地完成を期に住宅地部分を三景台町に改称されました。

スカイランド跡

其の3　有馬麻衣子さん

誰もが知っている正覚寺に嫁ぎ新風を吹き込む

―― ヒロスケ対談、3本目は広助さんとは長いおつきあいというこちらの方です。

ヒロスケ・はい、有馬麻衣子さん、小島の正覚寺に嫁がれたお方です。その前は丸山の芸妓衆として検番（けいばん）に在籍しておりました。当時の名前は「葉づき」さん。それ以来のおつきあいですね。まさに波乱万丈な人生。お寺さんに嫁いだだけではなく、得度もしているんですね。

有馬麻衣子さん（以下、有馬）・はい。正覚寺は佛光寺派のお寺で、京都の本山で修行して、僧侶として「釈天葉（しゃくてんよう）」という法名もいただきました。私、本名のほかに芸名から法名まで持っているんですよ。

―― 名刺が何枚も作れちゃいますね！

有馬・トランプみたいに（笑）。

由緒正しいお寺の重みを肌で感じて受け止める

ヒロスケ・正覚寺は、うちのすぐ近くで、私も子どものころから境内の陰陽石の上で遊んでは、先代の住職によく「こらーっ！」と怒られていました。だから「怖いお寺」というイメージがありました。中学生の頃は私、新聞少年（夕刊）だったんですが、正覚寺も配布エリアで、必ず寺の庫裏の中まで届けていました。ある年のお正月のこと。いつものように配達をして帰ろうとすると、住職が「おお、ちょっと待っとけ」と言う。また怒られるかとドキドキです。すると「（ごそごそ……）はい、お年玉！がんばれよ！（にこっ）」　もう、怖いイメージが一瞬にしてガラガラと崩れてしまいまして。怖い顔の後ろに微笑みがあったんですね。

有馬・ああ、義父は、学者肌で真面目で、教えに関してはものすごくきちんとした方だと門徒さんからお聞きしていました。読経中に選挙カーが通りがかるとピタッと止まる。「よろしくお願いしまーす」が通りすぎてしまうと、また始める。お経はあげることより、一緒にいただくことが目的だから、と。ストイックで線引きが厳しい方と聞きました。

ヒロスケ・そういう真面目なところは、息子さんである今のご住職も似てるのかな。

有馬・いや、そこまでは（笑）。

ヒロスケ・結婚を決めたポイントは？

有馬・そうですね。今もそうなんですが、会った当初から絶対ウソをつかない、安定している、それはなぜなんだろうというのが興味のきっか

けでした。それに、仏教についても詳しくて、どんな質問にも真摯に答えてくれます。

ヒロスケ・正覚寺って由緒のあるお寺で格も高い。歴史的にいえば、長崎に港が開かれた450年前、まさにキリスト教一色だった長崎の中心地に、新興宗教の浄土真宗として、禅宗より先に先陣切って入っていった人がここの初代です。相当の覚悟があったはず。

有馬・外に出るときはみの笠をかぶったそうです。

ヒロスケ・投石から身を守るため。それに、テロや暗殺からも身を守るために。

有馬・お話をするときは奉行所から警護が付いたとも。

ヒロスケ・警護が付けば大丈夫だけれど、最初は相当の覚悟があったはずです。キリスト教の人たちと討論会をして、互角に戦ったというパイオニア的存在。そういうことを調べれば調べるほど、すごいお寺なんだなぁと感服しておりました。まさか、あなたがそこに嫁ぐとは。「えええ！　大丈夫なの？？」と。

有馬・その時は何も考えてなかった（笑）。今思えば、わかってないからこそ行けたのかな。うちの実家は、父が公務員という普通の家で、私も仏教の大学で専門に勉強したわけでもなく、宗教については、ほぼ白紙の状態。だから何でも吸収しました。ただ、門徒さんからどのように見られるんだろう、嫌がられるかも、と最初は心配でした。ところが、嫁いだ私のことを皆さんがものすごく大事に、親しくしてくださる。「今日は奥さんに来ていただいて本当にありがたかったです」と言ってくださいます。それはきっと、代々大切にしているお寺に嫁いだ人間だから大事にしてくれるということ。言ってみれば私を大事にしてくれることが、正覚寺の重みなのではないかと。正直プレッシャーはありますよ。でも、ここまでしてくれる門徒さんのために、私にできることは何だろうと考えるよ

うになりました。

ヒロスケ・素晴らしい、ある意味すごく幸せなことだね。

有馬・ありがたいことです。

バイクでＧＯＧＯ！
お寺ＢＡＲも企画

ヒロスケ・毎日はどんな感じでお勤めしているの？

有馬・結婚して２年目に息子が生まれ、子育てしながらお寺のお手伝いするのかなぁと思っていたんですが、家が仕事場ということは、寝かせていたらピンポーンとくる。どなたかがお亡くなりになれば、枕経といってすぐ枕元でお勤めさせていただきますから、夜中でも朝方でもお電話がかかってきます。

ヒロスケ・そうそう、お寺さんと産婦人科は人の生死に関わるから、２４時間営業。

有馬・そうですね、それで、子どもは１歳から保育所に預けてお寺でお勤めしています。

お寺やお墓はグレー色。もっと彩りを添えて若い人にも来て欲しい

■プロフィール
長崎市出身。長崎県立長崎西高等学校から九州工業大学へ。平成17年、長崎検番で染葉妹「葉づき」としてお披露目。平成24年長崎検番を退社し、結婚し正覚寺へ。一児をもうけて平成28年に得度を受け僧侶となる。趣味は日曜大工。

ヒロスケ・門徒さんのところにもバイクにまたがって行くんだよね。これがまたモダンでおしゃれなバイク。
有馬・あれも門徒さんにいただいたんですよ。バイクに乗るようになり地理も詳しくなりました。大浦中学校から海星高校方面に抜けるのに迷ったり。バイクが通れるスロープ付きの階段があって、途中まで行くんですが、道がどんどん細くなってUターンができなくなることもよくあります。バイクをバックで引っ張り上げる辛さったらないですよ。スマートフォンのGPSを頼りにするでしょう？ 地図ではこの道はこのお宅の隣だから行けるはず、ところが崖なんですよ。それがスマホの地図ではわからない。崖を見上げて、どこから行くとやろうかと……。
ヒロスケ・そりゃ、長崎ならではの特殊さだね。そういえば、先日も親戚の法要で伺ったのですが、「正覚寺」って「しょうかくじ」じゃなくて、正確には「しょうがくじ」なのね。
有馬・実はそうなんですよ。

── どうしてまた「しょうかくじ」と呼ばれることに？

ヒロスケ・電停名が発端らしく、なんでも路線を決めるときに東京から役人がきて漢字表記を勝手に「しょうかくじ」と。
有馬・あ、でも２０１８年９月から電停の名前が正覚寺から崇福寺に変わっちゃいましたからね。長崎市から要請があったと電鉄の方が訪ねてみえました。
ヒロスケ・反対せんやったと？
有馬・カステラ持って来られましたし（笑）。少し寂しいですね。

── それはそうと、お盆の時は、ちょっと変わったイベントをなさったようですね。

有馬・はい、去年からやっているのですが、８月１４日に「お寺BAR」を開催しました。１日限定で、お寺を開放してみなさんにお酒を飲んでくつろいでいただきたくて。お蔭さまで大賑わいでした。
ヒロスケ・この人がお嫁に来てから、次々斬新な企画が生まれていてね。
有馬・新しいことというよりは、今あるものにプラスして、もっと若い方も気軽に立ち寄れるようにしたくて。お寺ってお墓とかお葬式とかグレーな色でしょ。もう少し彩りがほしいなと。
ヒロスケ・そういう時、ご住職は受け入れてくれるの？
有馬・はい、「いいと思えば、どんどんしたらいい」って。真宗自体は、普通の人のためのものなので親しみやすくという思いは住職もありました。ただ、お寺ＢＡＲを最初に思いついた時、ネーミングを「煩悩ナイト」でどうかしらと言ったら、「それだけは勘弁してくれ」と（笑）。

思案橋から小島までは
ひとつながりの門の中

── お二人は、有馬さんが芸妓衆さんのころ

ときどき、モダンなバイクに乗った彼女をよく見かけます

からお知り合い？

有馬・はい、ヒロスケさんについて私がよく覚えているのは、芸妓になりたてのころに、「この仕事に就くなら、愛八さんのお墓にはお参りしとかんば」と芸妓仲間と旧街道沿いの墓地まで連れて行ってもらったこと。途中で露地びわをもいで食べたりして、楽しかったですね。

ヒロスケ・ちょうど若い世代が次々と検番に入ってきて私もいろいろやってみたかった。うち（青柳の）のおかっつぁま（女将）が「昔は検番さんもみんなと飲みに行きよったとよ」というし、私の周りの若い世代の男性陣も、一度は芸妓衆と思案橋あたりで飲んでみたい、という人たちもいて。それで私がつなぎ役になって、お膳立てしたりしました。

有馬・でもちゃんとお花代を付けてくださったので、お客さんとはだらだら遊ばず一線を引いて、いい経験ができました。そもそも、福岡の大学をやめてふらふらしていた私を母が呼び戻して「あなたにぴったりのアルバイトがある」と連れて来られたのが検番。最初はびっくり！でも、日本舞踊は子どものころから習っていたし、すんなりなじむことができたのは、ヒロスケさんなど同世代の方々との出会いも大きかったかもしれません。

—— それにしても、有馬さんは芸妓衆の時は丸山の検番、そして嫁いだ先が隣の小島郷の正覚寺と、長年同じエリアに暮らしていますね。

有馬・以前は稲田町や中小島に住んでいました。丸山から小島とか中小島とか、旧・仁田小くらいまでは同じエリアの感覚です。例えば浜町とか中通り界隈に住むこともできたのですが、思案橋の外に出てしまうと、すごく遠い。ゲートから「出る」感じ。

ヒロスケ・ある意味、料亭も検番も、普通の人から見ると謎めいた特別な世界。お寺にしても、外からは窺い知れない暗黙のルールもあるでしょう。

有馬・そうですね。勉強はものすごくしないといけないんだけれど、それをあからさまに口に出すより、なるべく普通の言葉で接することなど。

ヒロスケ・お参りに来ていきなり、「親鸞聖人は……」とやり始めるよりは……

有馬・わかりやすい話し方を心がけています。「住職には聞きにくいから、あなたなら相談できる」と言ってくださると、嬉しくて張り切ってしまいます。

ヒロスケ・この人の額のほくろが観音さまみたいって、芸妓衆のころからうちのおかっつぁまが言ってたんだよ。最初からお寺に嫁ぐ運命だったのかもね。それにしても、こんなに由緒のあるお寺さんということを事前に教えていたら、また展開が違ったかも。

—— まさに知らぬがホトケ？

有馬・また、うまいことを！（笑）

小島郷 ①

小島村
(「享和二年肥州長崎図」より)

油屋町くんち手拭いに染められた玉帯橋

小島備前守ゆかりの地

　長崎市中心部のほぼ南側、小島川の西側域にあります。江戸時代は長崎村小島郷、明治になり下長崎村に属し、明治31 (1898) 年、長崎市に編入します。なお、下長崎村小島郷は大正2 (1913) 年に長崎村に編入、それぞれ東小島町、中小島町、西小島町、上小島町となります。昭和48 (1973) 年、中小島1丁目2丁目、西小島1丁目2丁目、上小島1〜5丁目となります。

漢学者・西道仙に命名された橋

玉帯橋
　茂木街道の起点となる橋で正覚寺下交差点に架かっていました。慶安4 (1651) 年、第12代長崎奉行馬場三郎左衛門利重によって架橋され、茂木街道の入口の橋として利用されます。当初は油街橋や油屋町橋、南石橋などとよばれ、明治になり漢学者で初の長崎市議会議長となった西道仙によって玉帯橋と命名されました。下を流れる小島川が玉帯川とよばれたことにちなみます。玉帯橋は眼鏡橋、大手橋についで3番目に古い橋です。流失の記録はありませんでしたが、昭和10 (1935) 年ごろ、新道工事で破却され姿を消します。

くるくると水車が回っていた小島川

八丁車

小島川の千畳橋から高平橋までの約200mの間を、かつては八丁車とよんでいました。昭和の初めまで川の左岸（国道側）に水路を設け、8基の水車を段々に置いてあったので八丁車とよんだそうです。江戸時代などは、熊本天草から海路で茂木に米を運び、茂木街道によってこの地に持ち込まれ、水車で脱穀などが行われたといいます。現在、水車はもうありませんが水路の跡にそのなごりがあり、また、水路を見下ろす場所に、水車が月をくんだりこぼしたりしているようだと昭和の長崎で川柳界の興隆や後輩の指導育成に尽力した小林竹仙の句が刻まれています。

竹仙の句碑

夏は筵を敷いて川で納涼

千畳敷／榎渓／塩浴渓

小島川の小島小学校付近から千畳橋付近までを千畳敷または榎渓、塩浴渓といいます。小島川は岩が連続している河川で渓谷のように大小さまざまな形をした岩を見ることができます。また、川の全面が平らな岩で形成されているため筵を敷いて、夏は避暑地として江戸時代から昭和の初めにかけて賑わっていたといいます。この筵を千畳敷くことができる場所という意味で千畳敷とよばれ、千畳橋もそこから名づけられました。さらに川に榎があったところから榎渓といい、また昔は、この付近まで潮が上がっていたところから塩浴渓ともよばれていました。

千畳敷

出島まで水を送った井戸

無名泉／オランダ井戸

千畳敷の上手、小島小学校の下方の川に古い井戸があります。無名泉といい、別名をオランダ井戸といいます。かつて、この付近はお茶の産地で、井戸水は清冷甘味でお茶に最も適した水として長崎の数寄者（茶人）が遠くから水を汲みに来たり、高島秋帆の元に砲術を習いに来た諸藩の若侍などが飲んだ井戸水といわれています。また、ここから水樋を設け出島へ送水し、出島内の常用水としても利用されていました。

無名泉

百花園跡

百花園は江戸末期から昭和初期まであった茶屋です。庭園に多くの草花（鉢植え中心）があったところから百花園とよばれました。その後、豪商の永見寛二氏の別荘となっていましたが、昭和30年（1955）ごろには分譲されてしまいます。江戸末期には坂本龍馬や伊藤博文などが訪れたといわれ、特に明治18（1885）年に来崎したフランスの小説家ピエール・ロチは有名です。自らの結婚生活を描いた小説「マダム・クリザンテーム（お菊さん）」〈明治20（1887）年〉では、百花園で、お菊さんを見初める様子が描かれています。

百花園跡

出島水樋の図
（出島古版画部分）

小島郷 ②

薩摩藩秘密屋敷跡

九州各藩は長崎警備の目的で多くの軍勢を長崎に派遣しなければならず、そのために藩屋敷が置かれていました。また、藩屋敷は長崎奉行所との連絡業務も行っていたため、市内には10数ヵ所の屋敷がありました。

薩摩藩（島津藩／鹿児島藩）は鹿児島城を拠点とした島津氏の領地で77万石を誇る大藩でした。長崎には西浜町（現・銅座町）に正式な屋敷がありましたが、茂木街道近くの交通の便がいい小島郷にも屋敷を設け、連絡業務を行っていたといわれています。ここでは密貿易の品を横流ししていたともいわれ、そうした資金が倒幕の原動力にもなったといわれています。

薩摩藩秘密屋敷正門跡

寺子屋はのちに小学校へ

長崎市立小島小学校

八坂町（現・油屋町）にあった真言宗快行院〈享保8（1723）年創建〉の住持・松本泰明は、明治維新を受けて廃寺となったのち、寺小屋を開いて、子どもの教育指導を行います。これが小島小学校の前身となります。明治19（1886）年、小島尋常小学校が小島郷鳴川（小島牢跡）に創立します。校舎が手狭だったこともあり、明治41（1908）年に現在地（高野平郷）に移転し、昭和22（1947）年に教育改革により小島小学校と改称しました。

小島小校内には松本泰明の功績を称えて碑がたっています。小島小学校創立40周年に際し、大正14（1925）年に教え子を始めとする先生などが建立しました。

松本泰明翁之碑

滝の風景はバス停の名に残る

白糸の滝／白絲の瀧
　その昔、平らの大きな岩が二段、川の真ん中にありました。川の流れが糸が並んで落ちるように見え、白糸の滝とよばれるようになります。薩摩藩屋敷の後方にあったため、白糸の滝は庭園の一角を

白絲瀧
(『長崎名勝圖繪』より)

白糸の滝

なしていたものと考えられます。現在では住宅が密集してその姿を見ることが難しくなっています。バス停名の「白糸」は、この滝の名前からきています。

薩摩藩信仰の稲荷神社

愛染寺稲荷神社
　文禄元(1592)年、豊臣秀吉の命令で朝鮮へ出兵した薩摩藩は、狐火(火を放つこと)を使って朝鮮兵を追い散らす方法を用い、その結果、見事大勝します。狐火の狐は稲荷神の使いということもあり、以降、薩摩藩は稲荷神の信仰をするようになります。長崎の薩摩藩屋敷(現・三菱信託銀行)にも稲荷神がお祀りしてありましたが、長崎警備に当たっていた薩摩藩隊長の平田豊春がこの白糸の滝近くに住んでいたこともあ

愛染寺稲荷神社

り、この地に薩摩藩邸の稲荷神を移設、これが愛染寺稲荷神社のはじまりとなります。石灯篭には文化3(1806)年と刻されました。

月並みなことは洗い流そう

洗凡馬頭観音
　白糸の滝の上手、「洗凡」の文字が刻されている大きな岩とその岩の上に馬頭観音の石像があります。位置的には白糸の滝の一部分と考えられます。「洗凡」の文字は江戸時代末期の南画家・徐溶(雨亭)によるもので、凡俗を洗い流すという意味があります。馬頭観音は、付近が茂木街道近くということもあり道中安全の守護と考えられています。

洗凡の石碑

白糸の滝の狐の伝説

　このあたりがまだ畑地だったころ、6、7匹の白狐が棲みついていて通行人をよく化かしていたそうです。ある日、子どもを連れた母親が白糸の滝のそばで洗濯していると突然、子どもが悲鳴を上げて川に落ちてしまいます。急いで救い上げると誰かに突き落とされたといいますが、誰一人見当たりません。帰宅すると子どもは熱を出し様子がおかしくなっています。占い師に相談すると、子どもに白狐が取りついているといい、白糸の滝にお供え物をするよう告げられます。お告げの通り、母親はお供えをしますが一向に快復しません。再び、占い師に相談してみると、草履をはいてお供えしたので失礼にあたったのだろう、次は裸足で行くようにといわれます。
　不思議なことに裸足でお供えすると子どもは快復し、元気になったといわれています。

馬頭観音

小島郷 ③

一文字地蔵

明治から昭和初期にかけて一文字地蔵がある場所には一文字鉄工所という鍛冶屋がありました。当時、正覚寺から先の小島方面は畑地しかなく、鉄工所の規模や場所から見て農工具を作っていたものと考えられます。さらに昭和初期から昭和30年代（〜1960）まで、この界隈は芸妓置屋が多くあり、お地蔵さまは芸妓たちの心の支えになっていました。

いい伝えにでは、お地蔵さまを粗末にあしらった者は首が横に向いたまま戻らなくなるといわれています。

一文字地蔵

長崎最初の寺院、1604年に開山

浄土真宗仏光寺派光寿山正覚寺

開基の道智（1542年–1640年）は、佐賀の牛島（武雄付近）出身です。文禄3（1594）年、長崎奉行寺澤志摩守に仕えて長崎入りします。当時、長崎はキリシタン全盛期で道智の布教活動はうまくいきませんでした。慶長9（1604）年、鍛冶屋町の敷地を拡大し西本願寺の許しを得て、正覚寺が開かれます。これが長崎（旧長崎市街地）最初の寺院となります。元和4（1618）年、正覚寺は芋原橋近くに移転し、延宝4（1676）年に現在地である小島郷字尾崎に移転します。その後、正覚寺には転入寺（廃寺）の広済寺（現・中新町）、達相寺（廃寺）、常光寺（廃寺）、信光寺（廃寺）、深廣寺（現・片淵）などの多くの末寺が開かれ、寛政8（1796）年には御朱印地格となり幕府から特別の取り計らいを受けるようになります。しかし、明治維新を受け幕府の保護がなくなると末寺などが整理されました。

正覚寺（『長崎名勝圖繪』より）

長い尾根が続く地形

雷公岡(かみなりのおか)

雷公岡

　長崎女子高校(鶴鳴学園)下から高島秋帆別邸に至る一帯を雷公岡といいます。なぜ雷公岡なのかは不明ですが、地形的には唐八景、合戦場、南高校、小島中学校と長い尾根が続き、一旦、長崎女子高校のところで急激に斜面となり、再び高島秋帆邸付近から本石灰町大崎神社付近までの長い岬となっています。この一帯は岬のような地形で、長崎港から望むと島のような形をしていたので小島という地名がついたともいわれ、唐船石伝説と並び小島の由来となっています。

高島秋帆からも寄進があった神社

八劔神社

八劔神社

　小島郷の鎮守神ですが一説には古墳だったともいわれています。創建は定かではなく永禄11(1568)年から延宝年間(1673-1681)まで様々な説があります。享保4(1719)年には町年寄・後藤惣右衛門からの剣8振りの奉納などがありました。天保11(1840)年の社殿改修では神社横に別邸を持つ町年寄・高島秋帆からの寄進を得ています。祭神は日本武尊(ヤマトタケルノミコト)です。

様々な祈りや願いの込められた場所

上小島町地蔵堂

上小島地蔵群

　上小島町地蔵堂の創建は定かではありませんが、茂木街道沿いということもあり街道の道中安全を祈願するために作られたものと考えられます。
　また、地蔵堂横(地蔵群)に1基の井戸がありますが、この井戸は油屋町の住民が水不足の際に使用した井戸で、水への感謝の意を込め地蔵尊を元文4(1739)年に建立したものと伝えられています。このほかにも地蔵堂横(地蔵群)には様々な石碑があって妙法蓮華経方墳、十方海量塔、六十六部供養塔など供養塔がたち並んでいます。

「茂木街道ここに始まる」の碑

　茂木街道は玉帯橋(正覚寺下電停付近)を基点に小島から田上、茂木へと進むコースで、玉帯橋が慶安4(1651)年に架けられたことから江戸時代の初めにはすでに使われていたことがわかります。
　明治には人力車や馬車のため、山間部を避けるコースが造られ、明治18(1885)年、県道として玉帯橋から桜木町のコース(いわゆる旧街道)と、油屋町から愛宕、桜木町のコースなどが開通します。昭和11(1936)年、現在のバス通りが開通し現在に至ります。

長崎茂木街道ここに始まるの碑

長崎で最大規模の石の祠
菅神社【八劔神社境内】

　菅神社は八劔神社の末社にあたります。歴史は古く、本博多町(現・万才町)の坂上天満宮と関係があるとされ、坂上天満宮の創建当時(享保18(1733)年)の社殿であった石の祠を諏訪神社宮司の青木氏と坂上天満宮初代宮司の丹下幸丸らによって八劔神社に遷宮(移設)されたものといわれています。長崎でも最大規模の石の祠です。

菅神社

八劔神社

　小島郷の鎮守神である八劔神社の創建の話については、3つのいい伝えがあります。何百年ものあいだ、語り継がれてきた話です。

その1
　延宝年間（1673-1681）、小島郷の一人の農夫が耕作中に1匹の白蛇を見つけます。追い払うも動かなかったためそのままにしていたところ、この夜、農夫の夢枕に白蛇が現れ、「我は八劔明神である。昼間、野に出たところを見られてしまった。すぐに身を清めて社を建て私に仕えよ」と告げられます。農夫は付近の者と夢に従い社を建ててみると、多くの人が参詣に訪れるようになったといいます。以降、農夫は初代神主となり一生を捧げたそうです。

その2
　延宝年間（1673-1681）、小島郷の一人の農夫が耕作中に一つの石棺を見つけます。農夫が恐る恐る開いてみると8本の剣がありました。この夜、農夫の夢枕で「我を八劔大明神として祀れ」と告げられすぐに社を建て8本の剣をお祀りします。いつしかこの8本の剣は鎮西八郎（源為朝）の鏃（やじり）といわれるようになりこれが神社の御神体となります。

その3
　永禄11（1568）年、肥後国阿蘇宮の社人だった東源左衛門という者が、神南（カムミナ）（この付近の字名）に来て日本武大明神（日本武尊）の信仰を始めます。息子・東新三郎も熱心な信仰者でした。元和4（1618）年、新三郎の夢枕に「我は八劔大明神である。今の神社を八劔社と唱えよ」と神のお告げがありました。当初、新三郎は夢のことだと信じませんでしたがあまりに同じ夢ばかり見るので、祝詞を上げ神前に報告すると不思議な光が差し込み、神主をはじめとする村人らは驚き、神の力を知ったといいます。

坂の名に残る、悲しい恋の物語

　茂木街道の南高正門から長崎女子高横までの坂をピントコ坂といいます。この坂にもある男女にまつわる、いい伝えがあります。

　江戸時代中期〈元禄年間（1688年-1704年）〉、丸山の筑後屋という遊郭に登倭（とわ）という才色に優れた遊女がいました。毎夜変わる客人（嫖客（ひょうかく））にも心から尽くして「気立て良しのお登倭」と評判でした。ところ変わって、中国（唐）には何旻徳（ガピントク）という若い男がいました。旻徳は許嫁（いいなずけ）を上役人に奪われ、心に傷を負ったまま、遠く長崎に住む叔父の贸易商のところへやってきます。長崎に来た旻徳は丸山に足を運ぶようになり、許嫁とよく似た登倭と出会い、恋心が再燃します。しかし、平和な日々は長く続きませんでした。恋敵の長崎代官があらわれたのです。代官は登倭の心を引き寄せるため、当時、詮議中だった贋金（にせがね）作りの犯人を旻徳にかぶせ、木駄の原（小田の原）で処刑させます。登倭は旻徳の亡骸（なきがら）を貰い受け、丸山の上手に葬りました。それから数日後の朝、筑後屋の2階で血に染まった男女2人の遺体が発見されます。登倭と代官でした。丸山の人々は心優しい登倭を旻徳のそばに葬ったといいます。以降、ここを比翼塚とよび、横の坂を旻徳の名からピントコ坂または花魁坂とよぶようになりました。

　なお、このことは史実にないため、いい伝えの域を出ません。おそらく元禄16（1703）年に近松門左衛門の曽根崎心中が流行したことにはじまったものと考えられています。

傾城塚

小島郷 ④

山伏塚／柿樹太郎

　江戸時代後期の「長崎名勝圖繪」によると、茂木街道（小島街道）のピントコ坂付近から少し下った辺りを山伏塚、さらに下って長崎女子高校付近を柿樹太郎とよんでいました。春から夏にかけての雨の降る夜、陰火または狐火といわれる不思議な火が現れる場所で、一つの火がいつしか多くの火となり雲のように拡がってやがて消えていくというものです。
　いい伝えでは、一人の修験者（山伏）が法を犯したため他の修験者たちが穴を掘り、その修験者を穴に落として石を投げ込み殺したとされ、その霊が恨みの火となって現れるとつたわります。

山伏塚

伝染病犠牲者への供養の心が建立

東古川町三界萬霊無縁塔

　寛文2（1662）年に、長崎で痘瘡（天然痘）が大流行して多くの犠牲者を出したため、長崎街道には一ノ瀬無縁塔が建立されます。さらに50年後の正徳2（1712）年に再び痘瘡が大流行し、多くの犠牲者が出て、正徳3（1713）年に茂木無縁塔が建立されました。その翌年、最初の発生による犠牲者の50回忌が行われ、東古川町によって三界萬霊無縁塔が建立されます。東古川町では宝暦13（1763）年に100回忌が、また、文政3（1820）年には文字の彫り直しである再刻を実施しています。当時の疫病に対する恐怖は計り知れないものだったのでしょう。

東古川町三界萬霊無縁塔

お殿様の駕籠立て場

殿の茶屋跡

　茂木街道のこの地はピントコ坂と地獄坂の中間に位置し、江戸時代は休息の場所だったと考えられます。名前から殿様の駕籠立て場の意味と思われます。

殿の茶屋跡

江戸時代の図絵にも記された地

僧都岡

江戸時代、小島地域のとくに長崎女子高校（鶴鳴学園）から南高校にかけてを僧都岡とよび、北を中僧都、南を高僧都としていました。また、僧都岡全体を俗に木駄の原（小田の原）ともよび、全体が高く開けた畑地でした。僧都の語源である藁人形つまり案山子は以前、蒭人とよばれ、それが曽富都となり僧都となったといわれています。

ちなみに、僧都岡とはスズメを追い払う場所であると江戸時代後期の「長崎名勝圖繪」にあります。

僧都岡

基礎石にはライオンの彫刻

茂木道無縁塔

正徳2（1712）年8月から翌年3月まで長崎で痘瘡（天然痘）が大流行し、子どもを中心に多くの死者を出しました。正徳3（1713）年、供養のため茂木無縁塔が建立されます。塔の4面には崇福寺第7代住持・大衡海権と第9代住持・義勝寂威の文字が施され、基礎石には獅子（ライオン）が彫られました。一般に日本仏教美術では唐獅子ですが、この基礎石は獅子を使った大変珍しい彫刻といえ、無縁塔は「ライオンの塔」ともよばれています。なお、寛文2（1662）年にも痘瘡が大流行し、このとき建てられたのが長崎街道の一ノ瀬無縁塔です。2つの塔は街道の入口に立てられ、市街地への疫病の進入を防ぐという意味があります。市指定文化財。

茂木道無縁塔

無縁塔のライオン

交通祈願と街道の目印

平松地蔵尊

平松はこの地域の字名で、お地蔵さまは茂木街道往来の交通安全祈願のため、街道の目印として置かれたものです。当初は付近に点在していていたものが、道路改修などで1ヵ所に集まったものと考えられます。

平松地蔵、岱雲の歌碑

小島街道

小島街道は茂木街道の別名で、江戸時代、長崎から市外へ出るコースのうちの茂木口（田上-茂木-天草-熊本-鹿児島へ）です。この街道は、玉帯橋（正覚寺下電停付近）を基点に小島から田上、茂木と進むコースで、長崎県立南高校正門前から長崎病院（旧国立療養所）前、田上交差点を通ります。明治18（1885）年、東小島から桜木町へのコース（いわゆる旧街道）と、油屋町から愛宕、桜木町のコースなどのコース、転石から茂木小学校前（片町）のコースの県道が開通し、南高校前の通りは使われなくなります。

筆地蔵

筆地蔵は往来の交通安全祈願のため、街道の目印として置かれたものと考えられますが、いつしか筆地蔵とよばれるようになりました。正月二日に書初めをした後、ここに書を奉納すると書が上達するといわれています。

筆地蔵

二宮岱雲の歌碑

二宮岱雲は江戸末期の天保～嘉永年間（1830-1853）に活躍した長崎の俳人で、茂木街道のほか長崎街道（本河内）にも句碑が残っています。碑文「露ちるや　袂（たもと）はらえば　ただの水　おもひよるとも　ちるさくらかな」

小島郷 ⑤

廃寺となった大徳寺の建材でできたお堂

森崎権現社前の坂

尾崎にある階段をその昔、森崎権現社前の坂とよび、付近で不浄あるとき、つまり葬式などがあったときは、坂の上と下に注連縄（しめなわ）を張って通行を一時、止めていたといいます。もともと尾崎は江戸時代始めごろまで、木が生い茂っていたため県庁付近と同じく森崎とよばれ、森崎権現がお祀りされていました。しかし、キリシタンの影響からか森崎権現社は姿を消し、階段だけに以前の風習が残っていたと考えられます。

中小島地蔵堂

地蔵堂はもともと旧大徳寺境内にあったお堂で、大正2（1913）年に中小島地区に住む高比良政吉によって再建されたものです。堂内の仏像や仏具（お鈴、線香立など）、お堂自体の建材は廃寺となった大徳寺から譲り受けたものです。数年前に改修が行われた際、内部に朱塗りの木材などを見つけることができました。

いい伝えによると、地蔵尊は火除けのご利益があるといわれ、付近では大火が起きないということです。

森崎権現社前の坂

中小島地蔵堂

明治は自転車の練習場でした

自転車場とサンジョ町

昭和の始め頃まで寄合町の上手（山頭）は畑地や空き地が多く、長崎に初めて自転車が持ち込まれた明治期以降、この付近（中小島公民館付近）は自転車の練習場となっていました。そのためこのあたりを俗に自転車場とよんでいま

自転車場

した。また、自転車場の西側、西小島の一部を俗にサンジョ町といいます。意味は不明ですが、「散所」と書けば雑芸の意味を持つため、花街の近くでいろいろな職人（大工や鍛冶屋など）の家が並んでいたのではないかと推測されます。

徳川幕府と深い関係

真言宗青龍山慈眼院大徳寺跡
【大徳寺公園／梅香崎天満宮／旧大徳園】

元禄年間（1688-）に伊勢町にあった大徳寺大教院を、僧の月珍が元禄16（1703）年に譲り受け、江戸・護持院の大僧正である隆光に許可をもらい大徳寺が創建します。宝永元（1704）年、伊勢町の地と梅ヶ崎（現・十人町）の官地及び荒木某氏の別荘地を交換し移転します。宝永4（1707）年には御朱印地格となり、以降、幕府の手厚い保護を受けることになります。宝永5（1708）年、梅ヶ崎の地が手狭になり、他の数ヶ所の所有地と、小島郷の町年寄・薬師寺家の別荘地とを交換し再移転し、現在の大徳寺公園に移転します。寛保2（1742）年に観音堂を建立し、聖徳太子の作といわれ第5代将軍綱吉の生母・桂昌院が崇敬していた十一面観音像を譲り受けて安置します。これは徳川幕府との関係の深さを表すものです。文政3（1820）年には本堂、総門、塀などの整備が進み、このころが大徳寺の隆盛期といえます。しかし以降、境内の維持管理に多大な費用がかかり、幕府からの借金も増えていきます。長崎の貿易不振による寄進の減少と、檀家を持たない寺院ということもあり借金返済がうまくいかず、そのまま明治維新を迎えます。幕府の後ろ盾のなくなった大徳寺は維持管理までも困難となり、宝物などが売却され、本堂を延命寺、鐘楼堂を三宝寺、ほか付近の寺院に売却を進め、ついに廃寺という結末となりました。

大徳寺公園内にある大徳寺を描いたプレート

長崎七不思議

長崎七不思議は節がついて三味線などで歌われたお座敷歌で、原曲は大津絵節といわれています。おそらく丸山芸妓が即興で作ったものではないでしょうか。歌詞に「下がり松」という松が登場するところから大浦下がり松海岸が埋立てされる幕末期に作られていると考えられています。

「寺もないのに大徳寺　平地（ひらち）にあるのを丸山と　古いお宮を若宮と　桜もないのに桜馬場　北にあるのを西山と　大波止に玉あれど大砲なし　しゃんと立ったる松を下がり松　これで七不思議」

大徳寺は大楠神社に

　明治維新後、大徳寺が廃されると、大徳寺の観音堂があった場所に明治元（1868）年12月、大楠神社が新設されます。長崎裁判所総督の澤宣嘉によって楠正成が祀られました。その後、戊辰戦争の犠牲者26名の霊を大楠神社に合祀し、のちに大楠神社は梅香崎招魂社と改称します。明治16（1883）年、梅香崎招魂社が手狭なため佐古招魂社へと移転となり、大楠神社社殿は移設され、のちに廃されます。なお、大楠神社の鳥居は移設されることなく当初の場所にあります。柱には「明治元年戊辰冬十一月二十五日」「長崎府地役人中」と彫られ、正面額に「大楠神社」と痕跡をみることができます。

戊辰戦争などの犠牲者を祀った神社

梅香崎招魂社跡／梅香崎墳墓地跡【大徳寺公園】

　招魂社は幕末以降、国のために戦い殉死した人をお祀りした神社のことです。梅香崎招魂社は、戊辰戦争（奥羽征伐・函館戦役）などで殉職した43名をお祀りし、霊位を祀った招魂社、そばに遺髪などを葬る墳墓地がありました。江戸末期、長崎を警護する目的で遊撃隊が長崎奉行所の下に組織されます。明治維新を受け、遊撃隊は新政府に仕えることになり、明治元（1868）年2月に長崎裁判所総督の澤宣嘉によって振遠隊と改称します。振遠隊は6月24日、旧幕府軍との戦いで戦火の治まらない東北地方に派遣されることになり、海路秋田に向かい旧幕府軍の庄内軍と一戦を交えます。しかし、庄内軍の圧倒的な強さで振遠隊は7名の犠牲者を出すも、東北諸藩の降伏が始まったため振遠隊は盛岡城を受け取り、10月19日に凱旋、12月20日に帰崎します。振遠隊の生存者に褒賞を与え、戦病死者17名は大楠神社の脇に招魂場（墳墓地）を設けて埋葬することになりました。後に霊位は大楠神社に合祀されます。

　また、戊辰戦争時、函館港外での海戦で殉死した長崎出身者26名の遺骨を招魂場に埋葬します。これら殉死者の霊位を大楠神社にお祀りした際、梅香崎招魂社と改称して、墓所を梅香崎墳墓地とします。さらに梅香崎墳墓地には、明治元（1868）年1月14日の長崎奉行所引渡しの際、横死した者1名、祝砲暴発で死亡した者1名も埋葬しています。

梅香崎招魂社並同墳墓地跡

招魂社は護国神社へ改称

長崎県護国神社跡【大徳寺公園】

　昭和14（1939）年、当時の内務省は全国にある招魂社を護国神社に改称するよう通達を出します。長崎県では昭和17（1942）年に、それまであった梅香崎招魂社と明治8（1875）年に稲荷嶽（旧・仁田小付近）に造られた佐古招魂社とを併せて長崎県護国神社を創建します。大楠神社の鳥居は「護国神社」と掛け変えられました。当時、第二次大戦の戦意高揚のためにも本格的な社殿建設が望まれ、昭和19（1944）年、浦上の志賀山に本格的社殿が建設され移転します。しかし、昭和20（1945）年の原爆によって倒壊、焼失してしまいます。昭和26（1951）年、旧大徳寺の地に仮殿が設けられ神事が行われますが、昭和38（1963）年、浦上の地（城栄町）に社殿が再建され現在に至ります。

風光明媚な公園の名残りは門柱に

大徳園跡

　江戸時代末期から明治初年にかけて、大徳寺の庫裏のあった場所には、アメリカの宣教師・ヘンリー・スタウトやフルベッキ、フランス領事のレオン・ジュリーなどが仮寓していました。その後、長崎県黴毒（梅毒）病院となり、また梅香崎招魂社の一部としても使用されていました。招魂社が整備されると長崎医学校の分院がおかれ、明治25（1892）年に医学校が浦上に移転すると空き地になって荒廃してしまいます。

　大正3～4（1914-5）年ごろに公売された空き地は、油屋町の豪商・橋本辰二郎の所有となります。橋本はこの土地を公園化し、橋本大徳園として市に寄贈します。昭和初期には城谷勝二の所有となり、第二次大戦時中は放置され荒廃し、料亭米春の寺田實の所有になったのちは、昭和30（1955）年ごろから分割売却され現在に至ります。なお、今も大徳園時代の門柱は残っていて、柱に銅版の「大徳園」「はしもと」という文字をみることができます。

長崎医学校分院跡【旧大徳園】

　文久元（1861）年、旧・佐古小上部校舎がある場所に養生所が開かれ、その後、何回か改称したのち、明治4（1871）年に長崎医学校となります。明治10（1877）年に勃発した西南戦争によって、長崎医学校に多くの傷病者が運び込まれます。しかし戦争の拡大で傷病者が増え、医学校だけでは対応しきれなくなり、立山の外国語学校、福済寺、本蓮寺、晧台寺、長照寺、浄安寺、深崇寺、禅林寺、正覚寺が臨時病院にあてられます。医学校の拡張がはじまり、明治13（1880）年には旧大徳寺の庫裏に長崎医学校分院が造られ、梅香崎病院とよばれます。

　明治25（1892）年、西彼杵郡浦上山里村（現・坂本）に移転しました。

大徳園跡　　　　　　　　大徳園裏門跡

小島郷 ⑥

日本初の西洋式病院

小島養生所跡／精得館跡【旧・佐古小学校】

　安政4（1857）年、海軍伝習所が行った第二次海軍伝習の際、長崎奉行所西役所内（旧・県庁）に医学伝習所が開設され、軍医ポンペが教授を務めます。その後、場所が手狭のため大村町の旧町年寄高島家本邸に移りますが、安政5（1858）年に起こったコレラ大流行の診療の不便さや西洋医学を広く市民に広める目的で、ポンペは松本良順や第112代長崎奉行岡部駿河守長常に要請し、代官の高木作右衛門の協力によって、万延元（1860）年に養生所（病院）建設となります。

　翌文久元（1861）年には小島郷稲荷嶽（旧・佐古小上部校舎）に純ヨーロッパ風の建物の小島養生所が開設され、その下に（旧・佐古小下部グランド）医学校が作られました。当初、純ヨーロッパ風の建物に市民は近寄る者は少なく、外国船船員の通院の様子を見て、市民もようやく診療や、定期の種痘を行うようになったといいます。

　慶応元（1865）年、第116代長崎奉行服部長門守常純は小島養生所を精得館と改称し明治維新を迎えます。なお、養生所と医学校には日本とオランダの国旗が並んで翻っていました。

分析究理所跡【旧・佐古小下部グランド】

　元治元（1864）年、ボードウィン（ポンペの後任）の要請で養生所の下（旧・佐古小下部グランド）に、分析究理所という物理化学の教育場が設立されました。教授にハラタマを迎え、自然科学教育と病院の調剤指導がなされます。ハラタマは後に江戸に向かい、開成所の教授となり、明治元（1868）年には大阪舎密局の教頭となります。ハラタマの活躍はその後の日本の化学発展に大きく貢献します。

分析究理所
（長崎大学附属図書館所蔵）

長崎の病院〈小島養生所〉（長崎大学附属図書館所蔵）

教育制度の改革、精得館は医学校へ

長崎府医学校跡／長崎県病院医学校跡

明治元（1868）年、九州鎮撫総総督となった澤宣嘉は、長崎裁判所判事の井上聞多の助言によって精得館の改革に乗り出します。学頭だった長与専斎とマンスフェルト（ボードウィンの後任）による大学教育制度案を基に改革が行われ、精得館は長崎府医学校と改称されます。さらに、長崎府が県となったため名称も明治2（1869）年に長崎県病院医学校と改称されました。

長崎大学医学部の前身

長崎医学校跡／長崎病院跡

明治4（1871）年、長崎県病院医学校は長崎医学校と改称します。明治5（1872）年に第六大学区医学校、明治6（1873）年、第五大学区医学校、明治7（1874）年には長崎医学校と行政の区割りや管轄の変更のたびに名称を変更されます。

明治7（1874）年、台湾の役の影響で、病院部を公兵員病院として学校部を廃止し（学生は東京医学校へ転学）、その後、施設は蕃地事務支局病院となり（蕃地とは台湾の地名）、台湾の役終結後の明治8（1875）年に長崎病院となります。明治9（1876）年、再び医学場を新設し学校を再開。その後も度々改変され、明治25（1892）年に西彼杵郡浦上山里村（現・坂本）に移転となり、以降、歴史は現在の長崎大学医学部へとつながります。なお、長崎病院で明治18（1885）年に行われた囚人の死体解剖実験は日本における解剖学研究を大きく前進させるものになりました。

養生所址の碑
【旧・佐古小学校】

現在の長崎大学医学部の前身である長崎医科大学の学長・林郁彦は、昭和5（1930）年に西洋医学教育の発祥を記念するために自費を投じて、「ポンペ像」と「松本良順像」などと「養生所由緒書」の銅版のプレート5枚を養生所があった旧・佐古小学校に建立するのですが、第2次大戦後に銅版の1枚が盗難に遭い失われてしまいます。そのため残りのプレートを旧大徳寺にあった長崎県黴毒（梅毒）病院の院長だった福田千代太が保管することになります。

昭和32（1957）年、長崎大学医学部の創立100周年を記念するため、西洋医学教育発祥百年記念会が立ち上げられ、改めて養生所址の碑の再整備を行うことになります。各プレートを福田千代太から譲り受け、旧・佐古小学校に「養生所址」、長崎大学医学部構内に「ポンペ像」をそれぞれ設置し、残りの「松本良順像」と「養生所由緒書」は医学部図書館に保管することになりました。なお、旧・佐古小学校にある養生所址の碑には次のように刻されています。

碑文「養生所址 郁彦」
「蘭医ポンペ先生は日本最初の様式病院をこの地に設立した
　一九五七年秋　西洋医学教育発祥百年記念會」

佐古招魂社

台湾の役、西南戦争、戦死者を祀る

佐古招魂社／佐古墳墓地

　明治7（1874）年、明治政府の台湾派兵で、長崎から西郷従道（西郷隆盛の弟）率いる約4,500人が台湾に向かいます。しかし、大多数の病死者が出て、300人以上が長崎に送還されます。当時、旧大徳寺庫裏（旧・大徳園）の場所には長崎医学校の一室があり、病院として収容することになります。死者の数は増え続け、病院の横に招魂場（梅香崎墳墓地）を設けて552名の霊を埋葬します。明治8（1875）年には、梅香崎招魂社において政府主催による招魂祭が挙行されました。

　明治10（1877）年には西南戦争が勃発し、長崎医学校に多くの傷病者が運び込まれます。犠牲者は梅香崎墳墓地に葬られますが、戦死者の増加で墳墓地が手狭となり、稲荷嶽に新たな墳墓地を建設して671名が埋葬されます。これが佐古墳墓地といわれるものです。

　明治12（1879）年、旧大徳寺庫裏（旧・大徳園）にあった長崎医学校の拡張工事計画によって、梅香崎墳墓地の一部が佐古墳墓地に移葬され、台湾の役および西南戦争の戦死者も葬られることになります。明治14（1881）年、台湾の役および西南戦争の戦死者が佐古と梅香崎の両墳墓地に葬られていることから合葬することになり、佐古墳墓地は再整備されることになります。稲荷嶽山頂の稲荷嶽神社を北側に移設し岩窟を切り拓き、墳墓地と軍人軍属合葬碑を建てて、明治16（1883）年8月に完成となりました。

同年10月。勅祭（天皇命の祭典）が行われることになり、このとき整備した道が勅使坂です。大正7（1918）年、東京の靖国神社に合祀中の長崎県在籍者で、県内の招魂社に祀られていない1242柱を佐古招魂社に合祀し、さらには昭和17（1942）年、梅香崎招魂社も佐古招魂社に合祀（御霊を長崎県護国神社として祀る）され、また、昭和37（1962）年に梅香崎墳墓地も佐古墳墓地に移葬して、現在は1913柱がお祀りされています。

勅使坂

江戸時代からの稲荷神は西小島地区の鎮守に

稲荷嶽神社

いつの頃からか、十善寺郷字松山の地（現・館内町付近）には稲荷神がお祀りされていました。元禄元（1688）年、唐人屋敷建設のため稲荷社を背後にある狐岳山頂に移転することになります。当時、狐岳から連なる大徳寺付近までの一帯（現在の旧・仁田小から旧・佐古小付近）は、狐岳の名前の通り稲荷神の遣いである狐が数多く棲んでいたといわれています。移転後、稲荷神は山頂にある岩穴に祀られ、狐岳から稲荷嶽とよばれるようになります。

稲荷嶽神社

明治12（1879）年、佐古招魂社の建設のため現在地に移転し、稲荷神がお祀りされていた岩穴は姿を消します。現在では西小島2丁目地区の鎮守として親しまれています。

稲荷嶽神社の孝行者

稲荷嶽神社は代々、別木家がお世話していました。別木家はもともと瀬の脇（現・飽の浦町）にある恵美須神社の神主・柳木内膳の門弟で、江戸時代中期の享保18（1733）年ごろに柳木氏に伴われて長崎入りします。別木家は周防（大分）出身で、明治初期まで稲荷嶽神社に奉仕しました。

天明4（1784）年の冬、当時、稲荷嶽神社に奉仕していた別木宇三郎は、大変貧しいながらも年老いた母の面倒を一心に尽くしていたため、付近の者は宇三郎のことを孝行者とよんでいました。このことが当時の第67代長崎奉行戸田出雲守の耳に入り、宇三郎は長崎奉行所に召し出されることになります。奉行は日ごろの行いに感激し、銭5貫文の褒美を与えたということです。

長崎初の気象観測の地【稲荷嶽神社】

明治4（1871）年、オランダ人ゲーツ（ケールフ）は小島郷稲荷嶽に観測所を設けて気象観測をはじめます。これが長崎における初の気象観測です。その後、明治11（1878）年に改めて十善寺郷中ノ平（どんの山中腹）に測候所が置かれ、これが長崎海洋気象台の前身である長崎測候所となります。

小田の原／木駄の原

江戸時代、いわゆる小島とよばれる一帯、特に長崎女子高校（旧鶴鳴高）から南高校にかけての地域を僧都岡といい、俗に木駄の原（小田の原）ともよび、全体が高く開けた畑地でした。大浦中学校の校歌にも「小田の原」とうたわれています。

長崎のはやし歌では「めしは館内十善寺　とこピントコ　小田ん原　祇園清水　高野平　肥やし担桶のおきどころ　そこまでいふて　くだはんな」と歌われました。これには、この付近一帯は人家もない寂しいところという意味があります。また、小田の原は、現在のどんの山のあたりまでを指します。江戸時代、小田の原（どんの山付近）は一般罪人の処刑場でもありました。

小田の原

十善寺郷 ①

 ## その昔、十禅寺がありました

天台宗十禪寺跡

十禪寺は十善寺郷の起源となるもので、現在の館内町にあったと考えられています。鎌倉時代の貞応年間（1222年頃）、鎌倉から長崎小太郎重綱という御家人が長崎に入りこの地を治めますが、その長崎氏がいつの頃かに（おそらく1550年〜）、この地に祈祷所として十禪寺を創建したといわれています。十禪寺は天台宗（一説には曹洞宗）の修行僧が十禪師（地蔵菩薩の意）と八王子（千手観音の意）を携え、お祀りしたとされ、十禪寺という寺号になったといわれています。

慶長年間（1596-1615）、十禪寺は教会に作り変えられます。しかし、慶長19（1614）年の禁教令によって教会は破却され、姿を消しました。

十善寺郷は今では内陸のエリアと思われがちですが、江戸時代は海に面し、背部は大村藩戸町村大浦郷にあたり国境でもありました。そのため番所も設けられ、野母崎の観音寺まで続く御崎道の玄関口でもあります。

江戸時代の中期には地区の大半が唐人屋敷になります。幕末には海岸部が埋め立てられ、梅香崎町が開かれて外国人居留地に組み込まれます。明治になると、下長崎村に属し明治22（1889）年に一部が、明治33（1900）年にすべてが長崎市に編入して長崎市十善寺郷となります。

大正2（1913）年、十善寺郷の唐館（唐人屋敷）域が館内町、唐人番や遠見番官舎域が十人町、このほか字名などを参考にして稲田町、中新町と名称され、昭和48（1973）年、近隣との町界変更を経て現在に至ります。

十禅寺郷（「享和二年肥州長崎図」より）

屋敷内の行事は長崎市民にも影響

唐人屋敷跡

江戸時代初め、中国人は自由に長崎市内に雑居することが出来ましたが、密貿易の増加で長崎の中心地から離れた場所を元禄元（1688）年に整備し、翌2（1689）年に唐人屋敷として中国人を収容します。唐人屋敷は現在の館内町とほぼ同じ、9376坪（30,940平方メートル）の広さがありました。

約4千人が居住し、域内には中国人が信仰する観音堂や土神堂、天后堂などが建てられ、ここでの行事は長崎市民に文化的、風俗的に様々な影響を与えていきます。明治維新を受け、唐人屋敷は廃止され、ほとんどの中国人が新地蔵所（現・新地町）などに移転するようになります。

もの売りで賑わった場所

広馬場

長崎開港前、広馬場商店街付近は十善寺浜とよばれていました。元禄2（1689）年の唐人屋敷完成以降は、唐人屋敷前波止場となり、波止場番所、唐人糧米精所、矢来門番所、制札場などが置かれ、矢来で囲まれた広場でした。主に唐船の出入港時の儀式や奉行所の検査などが行われる広場として使われ、享和2（1802）年の地図を見ると、石火矢台（砲台）が置かれる重要な場所でもあります。その後、行商人などが集まり出して賑わいだし、広馬場とよばれるようになります。明治以降は人家や商家が建つようになりました。当初は長崎村十善寺郷に属し、明治22（1889）年から長崎市に編入し広馬場町となります。昭和48（1973）年の町界町名変更により籠町や十人町、梅香崎町などに分断され消滅しますが、今でも商店街や自治会組織などには広馬場の名称が使われています。

御薬園跡

この地にあった十禅寺は慶長年間（1596-1615）にキリシタンによって焼却され、教会が作られます。教会には付属の薬草園が設けられました。慶長19（1614）年の禁教令によって教会が破却されると跡地は長崎代官の末次家によって薬園となり、オランダ船や唐船から持ち込まれた薬草を栽培する施設となります。延宝8（1680）年からは、幕府経営の本格的薬園へと変わり、元禄元（1688）年の唐人屋敷建設まで続きます。その後、立山奉行所内に移転し、享保5（1720）年に一旦、十善寺郷（現・十人町付近）に移転しますが、文化7（1810）年、西山郷に置かれて明治初年まで続きました。

館内町

唐人屋敷は別名を唐館ともいい、唐館の内という意味で館内となります。
長崎のはやし歌では「めしは館内十善寺　とこピントコ　小田ん原　祇園清水　高野平　肥やし担桶のおきどころ　そこまでいふて　くだはんな」と歌われます。館内十善寺地区が長崎の下町的地域だったことを表しています。

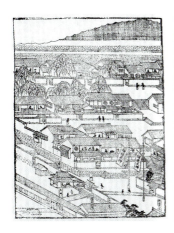
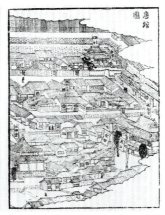

唐館圖（『長崎名勝圖繪』より）

唐人屋敷跡の館内市場

十善寺郷 ②

仁田川

十人町と館内町の境目に一つの深い堀（溝）があります。これは江戸時代、唐人屋敷の境をなしていた川（溝）でドンの山を源流とした通称・仁田川です。館内からは広馬場通りの裏手を流れ、湊公園の下へ進みます。ほとんどが住居の裏手を流れるため、目にすることが難しいですが、構造は長崎特有のいわゆる「えご端／江胡端」で全面石張りの鹿解川のようなつくりとなっています。

仁田川

橋を架け、茂里町を拓いた人物

豪商・森伊三次

明治の豪商で、唐人屋敷が廃された後、敷地の大部分を購入し整備を行った人物です。廃されたばかりの唐人屋敷は江戸時代の名残で塀と堀に囲まれ、出入りは広馬場の表門しかありませんでした。森氏は明治25（1892）年、館内と十人町とを結ぶ森橋、館内と中新町を結ぶ栄橋、森伊橋を次々に架け、付近住民の往来を便利にします。また、浦上川の埋立てに尽力して広大な土地を拓き、自らの名前から里が茂る（栄える）ようにという意味を込め、茂里町が誕生しました。

また、皇太神宮も森伊三次が建立したもので、鳥居の奉納年の明治19（1886）年から明治始め頃の創建と考えられます。皇太神宮は伊勢神宮（内宮）の天照大神をお祀りするもので、当時、明治政府は伊勢信仰を奨励していたこともあり、また、長崎は特に伊勢信仰が盛んだったことから、館内町にも皇太神宮がお祀りされたのでしょう。

森伊橋

皇太神宮

十善寺郷の鎮守神

住江稲荷神社

　唐人屋敷以前にこの付近にあった御薬園の中には、現在の観音堂付近に一つの稲荷社があって宮永甚左衛門という者が神主として仕えていました。稲荷社には東西に瓢箪川という清流が流れ、硯池という名の池も備えていたといいます。元禄元（1688）年、唐人屋敷建設のため現在地に移転となり、以降、十善寺郷の鎮守神として今に至ります。

住江稲荷神社

正覚寺の開祖、道智ゆかりの寺院

真宗仏光寺派慈航山広済寺

　正覚寺の開基・道智の隠居所として寛永3（1626）年、十善寺郷に開かれます（当時の正覚寺は現在の鍛冶屋町付近）。延宝4（1676）年、正覚寺が現在の東小島の地に移転すると広済寺も同所に移転。元禄11（1698）年に正覚寺が仏光寺派となり、広済寺は正覚寺境内に再び末寺として開かれます。明治16（1883）年、広済寺は独立し、十善寺郷にあった地蔵堂に移転します。その後、大正5（1916）年には山門を新築、鐘楼も備えますが、大正7（1918）年の火災によって本堂などが焼失します。檀家の浄財によって翌8（1919）年には再建しました。

広済寺

どぉん！毎日正午を知らせる空砲

どんの山

　寛文5（1665）年、島原町（現・万才町）に報時所が設置され、鐘を叩いて時報を知らせていました。延宝元（1673）年に今籠町へ移転し、明和3（1766）年には豊後町（現・桜町）に移り、明治36（1903）年まで続きます。その後、小田の原の長崎測候所において、毎日正午に空砲（午砲）を撃つようになり、その大砲の音からどんの山とよばれるようになります。当初の大砲は日清戦争で使用されていたもので、大正11（1922）年から昭和16（1941）年に使用されたものが現在、どんの山公園に残されています。

どんの山

長崎測候所跡

　明治4（1871）年、オランダ人ゲーツ（ケールフ）が小島郷稲荷嶽において、長崎で始めての気象観測を行います。それから7年後の明治11（1878）年7月1日。本格的施設の観測所となる長崎測候所が十善寺郷中ノ平（現・海星学園あたり）に開設され、3名の職員が配置されます。当時から日本の気象は西から変化するということは知られていたので、長崎の気象は各地の天気予報を左右する重要な位置付けでした。そのため、東京気象台の開設〈明治8（1875）年6月1日〉から遅れることわずか3年で長崎測候所の開設となります。長崎測候所は日本の気象学の草分けに近い貴重な存在だったのです。明治31（1898）年、大浦元町に移転（昭和24年廃止）し、昭和22（1947）年から南山手町に長崎海洋気象台が開設され、平成25（2013）年には長崎地方気象台に改称、今に至ります。

131

十善寺郷 ③

御崎道の碑

御崎道の碑は文政6(1823)年に今魚町(現・魚の町/魚市橋西側通り)の住人によって建立されたものです。長崎から野母崎の脇岬・観音寺までの7里(約28km)に道標として作られました。石碑は全部で50本設置されたといわれていますが、現在、確認できるものは十人町入口のものや観音寺境内のものを含め8本といわれています。

十人町の碑は文字が風化してしまいましたが、「みさ起みち 今魚町 文政六年」と刻まれています。

御崎道の道塚

いざ、野母崎へ！観音詣で賑わった道

御崎道／観音寺道／東泊口

江戸時代、長崎に出入りする街道には、長崎街道や浦上街道など6ヵ所のコースがありましたが、その一つが御崎道です。野母や脇岬の観音寺に至るコースを御崎道・観音寺道とよび、戸町付近を東泊口ともいいました。この道は広馬場から十人町-大浦石橋-出雲-上戸町-竿浦-為石と進み、野母崎脇岬にある観音寺(御崎観音)に至るコースで観音信仰者のための参詣道でした。

一方、御崎道は別の使い方もありました。貞享2(1685)年、年間貿易額を定めた定高貿易法により追い返された唐船が長崎港外の野母の港に立ち寄り、野母で抜荷商人と密貿易を行い利益を上げていたといわれています。

御崎道

小説にも綴られたお菊さんとの日々

ピエール・ロチ寓居の地

　ピエール・ロチ（1850年–1923年）はフランス出身の小説家です。士官学校卒業後に海軍士官となり、生涯を海軍として海外を歴訪しながら見聞を深め、異国趣味小説を数多く発表します。明治18（1885）年、長崎に来航したロチは、十人町の民家に仮寓して、お菊と結婚します。明治20（1887）年には自らの結婚生活を描いた「マダム・クリザンテーム（お菊さん）」を発表します。小説には当時の長崎の風俗習慣と日本の情緒が色濃く描かれています。

　現在、ホテルニュータンダ横から活水学園へ向かう坂道をオランダ坂とよんでいますが、第二次世界大戦後しばらくは、ロチ坂とよばれていました。江戸末期の居留地造成の際に切り開かれた道で、当初は切通しともよばれ、道幅は現在の三分の一ほどしかありませんでした。

大浦番所跡

　江戸時代、長崎の町から梅香崎、十人町を越えて、大浦に入るとそこは大村藩の領地となり、街道の御崎道が走っていました。ちょうど東山手付近が領地境で、境には警備のための番所が置かれていました。しかし、幕末の安政4（1857）年、幕府は開国を予想して、大村領（藩）戸町村と古賀村（現・古賀町、松原町など）を交換し、公領として東山手居留地の造成を始めます。そのため番所は不要となり、建物を残して廃止されます。

大浦番所跡

ピエルロチ寓居の地

梅香崎遠見番所跡

外国船発見！リレー方式で伝達

梅香崎遠見番所跡

　遠見番所は外国船来航をいち早く発見するために設けられた番所です。寛永15（1638）年、松平信綱によって野母の権現山に置かれたのが最初です。その後、万治2（1659）年、梅香崎、小瀬戸、玉園町の観善寺境内にも置かれました。権現山の番所で外国船を発見すると番所の水主によって長崎奉行所に報告することになっていましたが、後に時間短縮のため各番所間で鏡などを使った合図が決められ、小瀬戸→梅香崎→観善寺→長崎奉行所という流れで報告されていました。なお、観善寺番所は元禄元（1688）年に永昌寺に移転し、永昌寺番所となります。

十善寺郷 ④

小林一茶寄寓の地

小林一茶（1763年-1827年）は信濃国（長野県）出身の江戸時代中期の俳人です。長崎へは30歳の時から始めた西日本歴訪の際に訪れています。寛政5（1793）年に来崎したときは十善寺郷に滞在したと伝えられています。長崎で詠まれたものは次の句です。

「君が代や　唐人も来て　冬ごもり」

十人町
（『長崎おもいで散歩-昭和30年代の街角』真木満より）

番所役人の住まいが並ぶ

十人町

梅香崎遠見番所の周辺には番所役人宅も置かれ、10人の屋敷が立ち並んでいたといいます。それが後に十人町という地名となり、江戸時代は長崎村十善寺郷字十人町となります。

その後、明治22（1889）年に長崎村が長崎市になると長崎市十善寺郷字十人町となり、大正2（1913）年に郷名が廃止されると長崎市十人町となります。

昭和48（1973）年、町界町名変更によって現在に至ります。

海路で持ち込まれた米を管理

南瀬崎御米蔵跡

江戸時代初め、長崎では米作が行われなかったため、そのほとんどが海路（回漕）によって天草から持ち込まれていました。その管理を行うため延宝元（1673）年、天草代官は小島郷に米蔵と詰所を建設します。享保5（1720）年に天草から長崎へ移管され、享保9（1724）年に南瀬崎御米蔵となり、米の回漕も九州各地からとなります。当時、南瀬崎と北瀬崎の米蔵には年間、豊後米1万石、天草米6〜8000石、肥前米800石の米が持ち込まれていたといいます。使い道として寛保元年（1741）からは5000石を備蓄米、5000石を支出用、8000石を役人給与、残りは備蓄とし、備蓄米は毎年新米に代えていました。

南セサキと御米蔵の名（『享和二年肥前長崎図』より）

一年以上にもわたった滞在

ロシア人初上陸の地

　文化元（1804）年9月、ロシア皇帝の特使レザノフが日本人漂流者の引渡しと通商を目的に来航します。長崎奉行所は幕府に使いを出し、あわせて近隣諸国に警備を要請、大村藩、黒田藩、鍋島藩の兵が警備に当たります。時間の引き延ばしを受けるロシア側は、保養や船の修繕のために一時上陸を要求したため、奉行は木鉢郷の土地300坪を選定して竹矢来で囲み、日中に限り上陸を認め、さらには梅ヶ崎の御米蔵内に仮館を設け一時滞在を認めます。約1年3ヶ月後の文化2（1805）年3月、ようやく目付方の遠山金四郎と長崎奉行・成瀬因幡守、肥田豊後守の3人とレザノフは立山役所で引見します。幕府は、ロシアとの通商を拒絶し出航を促します。この間の滞在にかかる経費は幕府が持ち、さらには食料品などを供給して出航させ、ようやくこの事件は解決を迎えました。

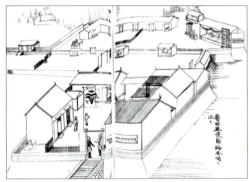
魯西亜使節梅香崎ニ泊ス（『長崎古今集覧名勝圖繪』より）

空に浮いているのはなんだ！

気球初飛行の地

　ロシア使節レザノフは、梅ヶ崎御米蔵内に設けられた仮館に滞在し、幕府からの通商開始の知らせを待っていました。そのような中、文化2（1805）年1月、ロシア人は敷地内で風船（気球）を揚げたと長崎古今集覧名勝図絵「魯西亜使節風船を揚ぐるを見るの図（その二、その三）」に記されています。これは、日本における気球初飛行といわれています。

魯西亜使節風船を揚ぐるを見るの図
（『長崎古今集覧名勝圖繪』より）

梅香崎／常盤崎

　どんの山から海星学園に続く高台は、江戸時代、活水学園の所で海に突き出した岬で常盤崎とよばれ、大村藩領と天領を分ける境界をなしていました。延宝8（1680）年、荒木伝兵衛という者が奉行所の許しを得て、海岸を埋立て別荘と土蔵を設けると、領土が拡がったということもあり当時の奉行、第23代長崎奉行牛込忠左衛門勝登は喜びます。遠見番所に天満宮をお祀りしていたことから、天満宮の梅の紋をとり、梅ヶ崎と命名します（一説には埋立地ということで付けられたともいわれています）。万延元（1860）年、外国人居留地造成のため海岸線が埋め立てられ、文久3（1863）年に常盤町と梅ヶ崎町が生まれます。昭和48（1973）年、町界変更によって一部区域が整理され、梅ヶ崎町は梅香崎町に改称されました。

梅香崎／常盤崎

長崎村13郷の山山

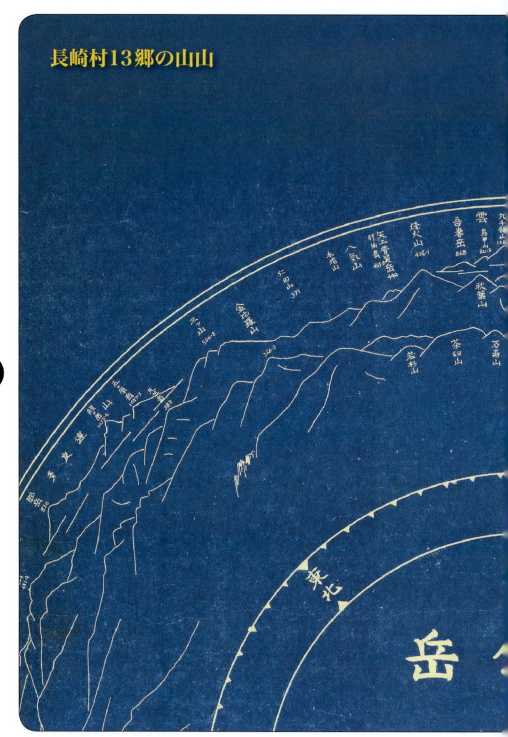

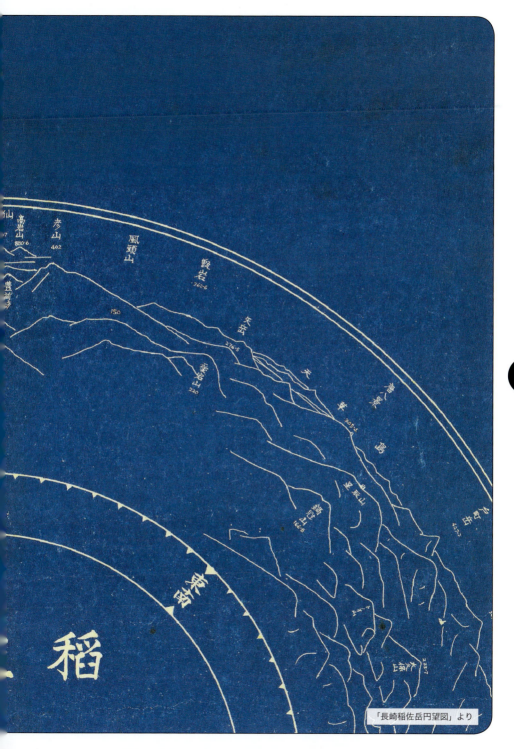

「長崎稲佐岳円望図」より

おわりに

　前略　髙田泰雄先生

　今回は長崎の周辺部「長崎村13郷」を書いてみました。先生がまとめられた資料を有効に活用し、変わったところや新しくできたものなど私なりに調べて形にしてみました。いかがだったでしょうか？

　先生が日ごろからおっしゃっていた「まずは現地を歩く」を実践してもう20年近くになりますが、おかげで長崎の道という道は歩いたと思っています。その足跡がこの資料です。ただ、今回の資料作りにあたり残念なことがありました。それは長崎の史跡の多くが、いま消えつつあるということです。あるはずのものがないと目を凝らして探し、崩れ始め土にうずもれていくものを目の当たりにして、悲しい思いもしました。これは次の世代にいかにして残すか、伝えていくかが大きな問題だと感じました。悲しいかな、先生が教えてくださったものは、もう、次の時代には出会えなくなるかもしれません。せっかく一冊にまとめましたが、寂しささえ感じる平成最後の資料作成となりました。

　ですが、先生が教えてくださった長崎のこと、連れて行ってもらった場所。それらをまとめて整理していくうちにまだまだ探さなければならないものや、その先の先、まだまだ歩かないと見えてこないものがあるようです。さっそく、明日から歩きます。"平成"の次の資料作りにご期待ください。

草々
平成30年12月
山口広助

参考文献一覧

長崎事典（風俗文化編）	長崎文献社	1988年
長崎事典（産業社会編）	長崎文献社	1989年
長崎事典（歴史編）	長崎文献社	1982年
長崎町盡し	長崎文献社	1986年
長崎文献叢書（長崎名勝図絵）	長崎文献社	1974年
長崎市史（地誌編）復刻版	清文堂出版	1981年
新長崎年表（上）	長崎文献社	1974年
市制百年 長崎年表	長崎市役所	1989年
長崎県大百科事典	長崎新聞社	1984年
長崎の史跡（北部編/南部編）	長崎市立博物館	2002年
長崎歴史散歩	原田博二	1999年
長崎の碑（第1～12集）	どじょうの会	1989年～2003年
長崎市史（地誌編）復刻版	清文堂出版	1981年
わが町の歴史散歩（1）	熊弘人	1993年
神社ものしり帳	長崎県神社庁	2000年
日本史年表（歴史学研究編）	岩波書店	1973年
国語大辞典	小学館	1982年
仏教大辞典	小学館	1988年
長崎郷土物語	歌川龍平	1952年
明治維新以後の長崎	名著出版	1973年
長崎縣人物傳	臨川書店	1973年
長崎新聞に見る長崎県戦後50年史	長崎新聞社	1995年
隠元禅師年譜	木村得玄	2002年
長崎さるくマップブック	長崎さるく博'06推進委員会	2006年
長崎のチンチン電車	葦書房	2000年
九州南画の世界展	長崎歴史文化博物館	2006年
中島川遠眼鏡	宮田安	1977年
九州の石橋をたずねて＜前編＞	山口祐造	1974年
旅する長崎・キリシタン文化（I～V）	長崎県/長崎文献社	2006年
本河内村の史跡	小森定行	1995年
長崎年表	新長崎年表編さん委員会	2017年
高田泰雄氏資料	---	---
高知県立牧野植物園パンフレット	高知県立牧野植物園	2004年
光源寺の歴史「産女の幽霊」	光源寺	1999年
長崎へんろ（長崎へんろ巡拝の手引き）	長崎四国八十八ヶ所霊場会	2002年
聖寿山崇福寺案内	崇福寺	1966年

著者プロフィール

山口 広助 （やまぐち ひろすけ）

昭和45（1970）年	長崎市丸山町に生まれる
平成5（1993）年	東海大学工学部土木工学科卒業
平成5（1993）年	株式会社鹿島道路入社
平成10（1998）年	料亭青柳入社

〈役職〉
長崎歴史文化協会理事、佐古地区連合自治会会長、丸山町自治会会長、梅園天満宮総代、丸山町くんち奉賛会代表幹事、長崎四国八十八ヶ所霊場会幹事、NPO長崎コンプラドール理事ほか

　地元丸山町では20年近く、自治会の役員を務め、自治会の振興や梅園天満宮の再興に尽力。また、長崎観光の発展に寄与するため、自ら「長崎ぶらぶら散策倶楽部」を立ち上げ、ガイドの育成や歴史講師などを精力的に行い、平成18（2006）年開催の「長崎さるく博'06」市民プロデューサーも務めた。地元長崎の歴史風俗の研究家として、平成24（2012）年4月より長崎ケーブルメディア「長崎ぶらぶら好き」、つづいて平成30（2018）年8月から「ヒロスケの長崎歴史さんぽ」に出演。また、平成26（2014）年4月からKTNテレビ長崎「ヨジマル！」、平成28（2016）年4月からNCC長崎文化放送「トコトンハッピー」のコメンテーターとして長崎の歴史や魅力を伝えている。平成27（2015）年4月には、関東エリアを飛び出した新生「ブラタモリ」の記念すべき第1回放送の長崎編に出演、長崎市街地を案内した。

　主な著作に『長崎游学3長崎丸山に花街風流うたかたの夢を追う』『長崎游学12ヒロスケ長崎ぶらぶら歩きまちなか編』「長崎稲佐岳円望図」（いずれも長崎文献社）がある。

制作編集スタッフ

◆編集進行・写真撮影　髙浪利子
◆取材、執筆　髙浪利子　川良真理（ヒロスケ対談3本勝負）
◆表紙（イラスト含む）・本文デザイン　山本志保
◆イラスト　髙浪高彰（長崎雑貨たてまつる）
◆写真提供　真木雄司、長崎県観光連盟（ながさき旅ネット）、長崎市教育委員会、長崎大学附属図書館、
　　　　　　京都府立京都学・歴彩館
◆地図提供　長崎市基本図 1/2500　No.99,109,110,111,120,121,122,129,130,131,138,140,147（長崎市都市計画課）

Nagasaki Heritage Guide Map
長崎游学シリーズ⓭
ヒロスケ長崎 のぼりくだり
長崎村編　まちを支えるぐるり13郷

発 行 日	2018年12月25日　初版第1刷　2019年2月10日　第2刷
発 行 人	片山 仁志
編 集 人	川良 真理
発 行 所	株式会社 長崎文献社 〒850-0057 長崎市大黒町3-1　長崎交通産業ビル5階 TEL.095-823-5247　FAX.095-823-5252 ホームページ http://www.e-bunken.com
印 刷	日本紙工印刷株式会社

©2018 Hirosuke Yamaguchi.Printed in Japan
ISBN978-4-88851-309-8 C0026
◇無断転載・複写を禁じます。
◇定価は表紙に掲載しています。
◇乱丁、落丁の本は発行所宛にお送りください。送料当方負担で取り換えします。

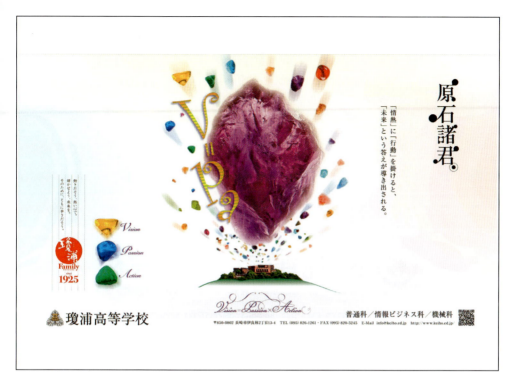

長崎電気株式会社

建築電気設備　給排水衛生設備　空気調和設備　船舶電装設備

〒850-0936 長崎市浪の平町1-35
TEL:095-822-3164　FAX:095-821-7078
http://www.nagasaki-denki.co.jp

永代供養納骨堂
ご相談承ります

真宗佛光寺派
光寿山　正覚寺
長崎市東小島町2-6
TEL 095-822-2452

伝統の長崎染

㈲近藤染工場

長崎市高平町三一一
電　話（〇九五）八二一ー二九一八
FAX（〇九五）八二一ー六二八二

歴史の町長崎をめぐる散策番組

ヒロスケの長崎歴史さんぽ

河内 隆太郎　山口 広助

ncm11chにて絶賛放送中！
放送時間　月〜日曜日 13時30分ほか

4K 見るなら長崎ケーブルメディア 095-828-0120

住まいに関するお困りごとがございましたら、
何でもお気軽にご相談ください！

TOTOリモデルクラブ加盟店

快適な生活環境づくりを目指す
武藤建設株式会社

〒852-8107 長崎市浜口町14-10　TEL 095-845-3175　FAX 095-845-3177
【E-mail】mutoh-k@mutoh-k.co.jp　【HP】http://www.mutoh-k.co.jp

東海大学の源流の地！長崎

若き日に 汝の思想を培う
若き日に 汝の体躯を養え
若き日に 汝の智能を磨け
若き日に 汝の希望を星に繋げ
　　　　　　　　松前重義吉

- 1926年　創立者　松前　重義
　長崎郵便局電話課長拝命、長崎市梅香崎町1番地
- 1927年　現総長　松前　達郎
　長崎市城山町1丁目14番地、誕生

のぼりくだりヒロスケ、卒業生ガンバレー！

東海大学学園校友会長崎県校友会
後援会・白鴎会・同窓会長崎支部一同

事務局／長崎市岩見町31-1-2F
　　　　株式会社　小笠原

醫王山 延命寺

長崎市寺町3-1 〒850-0872
TEL 095-822-0378

高級果実から旬のフルーツだけでなく
おいしいフルーツジュースまで、さらに充実の品揃え!!
もちろん品質にも自信あり!! 新しい近金果実店へ是非ご来店ください!!

FRESH FRUITS
近金果実店

〒850-0873 長崎市諏訪町7-6
TEL : 095-822-3442
FAX : 095-823-2618

筋トレの楽しさを、伝えたい!

マルヤジム　http://www.maruyagym.com/

中央橋店	長崎市江戸町5-6 明和ビル3F	☎095-821-9973
宝町店	長崎市宝町5-9 Rビル2F	☎095-844-0542
TATLAB	長崎市宝町5-9 Rビル3F	☎090-9490-1911
葉山店	長崎市葉山1-28-15 葉山ショッピングプラザ2F	☎095-856-7801

ヒロスケさん、いつもありがとう!!

感謝!!

詳細・申込は・・・
かわち家 検索
095-882-6300

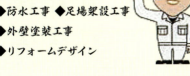

株式会社 山一
〜手づくりの職人技〜

◆建築工事業

◆左官工事 ◆解体工事
◆防水工事 ◆足場架設工事
◆外壁塗装工事
◆リフォームデザイン

代表取締役 山城 一男

〒850-0852
長崎市万屋町6-40-1403
Tel:095-822-6300
Fax:095-893-6009
E-mail：yamaichi_81@yahoo.co.jp

まだまだあります！
長崎文献社の「ヒロスケ」本

長崎游学3　本体価格800円　　長崎游学12　本体価格1000円

／読む
　ヒロスケ

／貼る
　ヒロスケ

長崎稲佐岳円望図
　　　本体価格 1000 円
昭和の長崎を稲佐山山頂から
見渡した珍しい地図。

長崎文献社
長崎市大黒町 3-1-5F
TEL 095-823-5247
メール info@e-bunken.com

長崎雑貨 たてまつる　850-0861 長崎県 長崎市 江戸町 2-19　tel. fax 095-827-2688

料亭 青柳

うなぎ料理
卓袱料理
会席料理

長崎丸山
電代 (823) 二二八八

青柳ホームページ　http://www.maruyama-aoyagi.jp/